CONTABILIDADE GERENCIAL

para o Exame de Suficiência do CFC

Bacharel em Ciências Contábeis

O livro é a porta que se abre para a realização do homem.

Jair Lot Vieira

Carla Renata Silva Leitão

CONTABILIDADE GERENCIAL

PARA O
EXAME DE SUFICIÊNCIA
DO CFC
PARA BACHAREL EM CIÊNCIAS CONTÁBEIS

- CONSELHO FEDERAL DE CONTABILIDADE
- Elaborado de acordo com a Resolução nº 1373, de 14 de dezembro de 2011, do Conselho Federal de Contabilidade

CONTABILIDADE GERENCIAL
para o Exame de Suficiência do CFC
Carla Renata Silva Leitão

1ª edição 2012

© desta edição: Edipro Edições Profissionais Ltda. – CNPJ nº 47.640.982/0001-40

Editores:	Jair Lot Vieira e Maíra Lot Vieira Micales
Produção editorial:	Murilo Oliveira de Castro Coelho
Assessor editorial:	Flávio Ramalho
Arte:	Karina Tenório e Danielle Mariotin

Dados de Catalogação na Fonte (CIP) Internacional
(Câmara Brasileira do Livro, SP, Brasil)

Leitão, Carla Renata Silva
Contabilidade gerencial para o exame de suficiência do CFC / Carla Renata Silva Leitão. – São Paulo : EDIPRO, 2012. – (Coleção exame de suficiência)

"Elaborado de acordo com a resolução nº 1373, de 14 de dezembro de 2011, do Conselho Federal de Contabilidade".

Bibliografia
ISBN 978-85-7283-813-9

1. Contabilidade gerencial 2. Contabilidade de custos 3. Contabilidade gerencial

12-01626   CDD-658.1511

Índices para catálogo sistemático:
1. Contabilidade gerencial : Empresas : Administração financeira 658.1511

edições profissionais ltda.
São Paulo: Fone (11) 3107-4788 – Fax (11) 3107-0061
Bauru: Fone (14) 3234-4121 – Fax (14) 3234-4122
www.edipro.com.br

Sumário

Introdução 9

parte 1 **Custos**

capítulo 1 **Conceito e classificação dos custos**
    Questões resolvidas 16

capítulo 2 **O custeio por absorção e o custeio variável**
    Questões resolvidas 26

capítulo 3 **Análise custo-volume-lucro**
    3.1. Margem de contribuição 31
    Questões resolvidas 34
    3.2. Ponto de equilíbrio 42
    Questões resolvidas 45
    3.3. Margem de segurança 51
    Questões resolvidas 51
    3.4. Alavancagem operacional 54
    Questões resolvidas 54

6 CONTABILIDADE GERENCIAL

capítulo 4 Outros conceitos de custos utilizados pela contabilidade gerencial

4.1. Custo de oportunidade 59
4.2. Custos perdidos (*sunk costs*) 59
4.3. Custo diferencial 60
4.4. Custos imputados 60
Questões resolvidas 60

capítulo 5 Custeio baseado em atividades

Questões resolvidas 67

capítulo 6 Formação do preço de venda

Questões resolvidas 74

capítulo 7 Custo-padrão

Questões resolvidas 79

parte 2 Análise das demonstrações contábeis
capítulo 8 Análise vertical e horizontal

Questões resolvidas 91

capítulo 9 A análise através dos índices

9.1. Índices de liquidez 98
    9.1.1. Liquidez geral 98
    9.1.2. Liquidez corrente 99
    9.1.3. Liquidez seca 99
    9.1.4. Liquidez imediata 99
Questões resolvidas 99
9.2. Índices de estrutura ou endividamento 106
    9.2.1. Participação do capital de terceiros 106
    9.2.2. Composição do endividamento 107

9.2.3. Imobilização do patrimônio líquido ou do capital próprio.... 107
Questões resolvidas... 108

9.3. Índices de rentabilidade ou de lucratividade................. 111
    9.3.1. Margem bruta.. 112
    9.3.2. Margem operacional... 112
    9.3.3. Margem líquida.. 112
    9.3.4. Rentabilidade do ativo.. 113
    9.3.5. Rentabilidade do patrimônio líquido............................ 113
Questões resolvidas... 113

9.4. Índices de rotatividade ou de atividade........................ 117
    9.4.1. Giro ou rotação do ativo.. 117
    9.4.2. Giro ou rotação dos estoques...................................... 118
    9.4.3. Prazo médio de cobrança ou recebimento................... 118
    9.4.4. Prazo médio de pagamento... 119
Questões resolvidas... 120

capítulo 10   **Ciclo operacional, econômico e financeiro**
Questões resolvidas... 128

capítulo 11   **Análise do capital de giro**
11.1. Capital circulante líquido – CCL................................... 131
Questões resolvidas... 132
11.2. Necessidade de capital de giro (NCG)......................... 137
Questões resolvidas... 138

Referências 143

Introdução

O gerenciamento das empresas pode ser uma atividade bastante complexa. Os gestores precisam estar atentos aos impactos das suas decisões no resultado da empresa, de forma a garantir que contribuam de forma positiva, proporcionando, assim, a continuidade das atividades.

Nas últimas décadas, algumas mudanças ocorridas no mundo corporativo impuseram alterações na postura gerencial das organizações, fator que provocou uma busca por oportunidades de negócios e ferramentas gerenciais para possibilitar que as empresas se tornem mais competitivas. Essas modificações podem ser percebidas por meio de fenômenos como a crescente diminuição das fronteiras mercadológicas, o aumento da velocidade dos avanços tecnológicos e o estabelecimento do acesso a informação como um diferencial.

Nesse cenário, a contabilidade gerencial surge como uma área do conhecimento contábil voltada para auxiliar o processo de gestão das empresas e dar suporte à tomada de decisão.

Ao contrário da contabilidade financeira, as práticas de contabilidade gerencial não decorrem de normas contábeis específicas e, por isso, tem maior facilidade de ser adaptada às necessidades informacionais das organizações. Além dessa, podemos observar outras diferenças entre a contabilidade financeira e a contabilidade gerencial, as quais se encontram sumarizadas no quadro abaixo.

DIFERENÇAS ENTRE A CONTABILIDADE FINANCEIRA E GERENCIAL

Contabilidade financeira	Contabilidade gerencial
Relatórios voltados para investidores, funcionários, credores, fornecedores, clientes, governos e usuários externos em geral.	Relatórios voltados para planejamento, direção e motivação, controle e avaliação de desempenho.
Ênfase em relatórios sobre consequências financeiras de atividades e decisões passadas.	Ênfase em decisões e atividades que afetam o futuro.
Ênfase na objetividade e verificabilidade dos dados.	Ênfase na relevância dos dados.
Requer precisão da informação.	Requer tempestividade da informação.
Os dados sumarizados são preparados para toda a organização.	Relatórios detalhados e segmentados sobre departamentos, produtos, clientes e funcionários.
Necessidade de aderência aos princípios e normas contábeis.	Sem necessidade de aderência aos princípios e normas contábeis.
Obrigatoriedade dos relatórios.	Não obrigatoriedade dos relatórios.

Fonte: Garrison, Norren e Brewer (2001)

A contabilidade gerencial reúne o conhecimento das áreas financeiras, de custos, análise das demonstrações contábeis e outras áreas de conhecimento contábil, sendo por isso considerada multidisciplinar. No entanto, é forte a ligação que a contabilidade gerencial mantém com a contabilidade de custos.

Neste livro, iremos abordar a contabilidade gerencial sob duas perspectivas: custos e análise das demonstrações contábeis. A proposta do livro é permitir uma revisão dos conceitos e ao mesmo tempo discuti-los através de questões resolvidas. A escolha dos tópicos a serem apresentados e discutidos levou em consideração o fato de serem temas recorrentes no Exame de Suficiência do Conselho Federal de Contabilidade, bem como em concursos.

Parte 1
Custos

capítulo · 1

Conceito e classificação dos custos

O custo pode ser considerado o elemento mais relevante das decisões financeiras e, por isso, tem concentrado uma boa parte dos estudos relativos à contabilidade gerencial. Embora ele não seja o único elemento de análise nas decisões financeiras das empresas, sua análise certamente faz a diferença.

Na contabilidade gerencial, a mensuração e estimação dos custos são consideradas atividades fundamentais no processo de planejamento e controle. Dentre as funções que a estimativa dos custos pode ter para a empresa, podemos destacar as seguintes: checar cotações de fornecedores, auxiliar os gestores em decisões sobre produzir ou comprar, avaliar alternativas de design de produtos, auxiliar o planejamento financeiro de longo prazo, auxiliar os gestores na tarefa de controle dos custos, e estabelecer padrões de eficiência da produção[1].

No que diz respeito à mensuração dos custos, desde a Revolução Industrial, a qual representa um marco para o estudo dos custos, alguns conceitos e abordagens foram desenvolvidos. A evolução desses conceitos pode ser observada no quadro abaixo.

EVOLUÇÃO DOS CONCEITOS DE MENSURAÇÃO DE CUSTOS

Período	Abordagem
Pré-industrial e período recente	Custo médio

---

1. Malstron (1984).

Período	Abordagem
Até 1940	Foco no custo total de fabricação
De 1940 a 1980	Custeio variável (custos fixos x variáveis)
1940...	Custo de oportunidade
1940...	Preço de transferência
1980...	ABC
1990...	Direcionadores de mercado
1990...	Custo do ciclo de vida do produto
1990...	Just in Time
2000...	Custeio baseado em valor

Fonte: Gupta e Gunasekaran (2005).

Conhecer os custos e seu comportamento permite aos gestores entender como e de que forma os recursos são consumidos; e, para facilitar esse processo, a contabilidade tem classificado os custos sob duas perspectivas: de acordo com a forma com a qual ele se relaciona ao produto/serviço e de acordo com a forma que ele se relaciona com o volume de produção.

No que diz respeito à forma com a qual ele se relaciona ao produto/serviço, podemos classificar os custos em diretos ou indiretos.

- **Diretos:** são os custos facilmente identificados ao produto, de tal forma que se torna possível mensurar o seu consumo por unidade produzida, sem a necessidade de recorrer a mecanismos de alocação ou rateio. Como exemplo desse tipo de custos, podemos citar aqueles relativos à matéria-prima.
- **Indiretos:** são os custos que, dada a dificuldade de identificação direta ao produto, necessitam do uso de mecanismos de rateio ou alocação para que se possa mensurar o seu consumo por unidade produzida. Como exemplo, podemos citar aqueles relativos ao consumo de energia elétrica.

Quando falamos sobre o que se refere à forma com a qual os custos se relacionam com o volume produzido, podemos classificá-los basicamente em fixos e variáveis.

- **Fixos:** são aqueles que não variam em relação ao volume produzido, dado um determinado nível de produção. Como exemplo, podemos citar a depreciação das máquinas.
- **Variáveis:** são aqueles que variam em relação ao volume produzido, por exemplo, a matéria-prima consumida.

A seguir, podemos observar graficamente o comportamento dos custos fixos e variáveis.

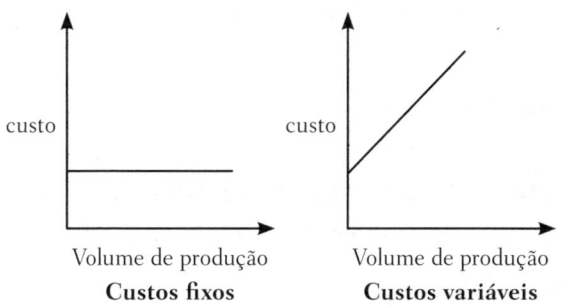

Além de fixos e variáveis, alguns autores apresentam também a classificação dos custos em semifixos ou semivariáveis. No caso dos custos semifixos, eles se comportam como fixos até um determinado nível de quantidade produzida. Quando ocorre mudança no nível de produção, ele sofre uma variação e volta a ser fixo até que uma nova mudança ocorra. Já os custos semivariáveis – são compostos por uma parcela fixa e outra variável. O comportamento dos custos semifixos e semivariáveis pode ser observado através dos seguintes gráficos:

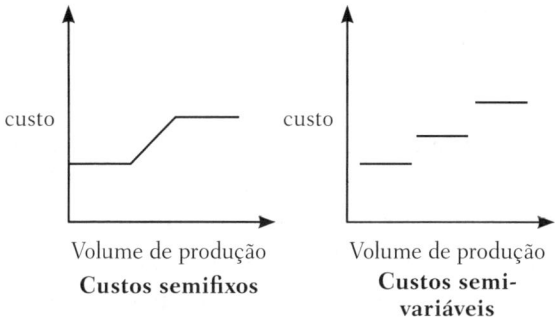

Como são perspectivas diferentes da observação dos custos, as classificações apresentadas não são excludentes. Dessa forma, um determinado custo pode ser classificado como direto e variável ou indireto e fixo.

Embora na maior parte das vezes os custos fixos sejam indiretos e os custos variáveis sejam diretos, há situações nas quais essa relação pode não ser observada. Supondo que a remuneração da mão de obra empregada na produção de um determinado produto seja realizada através de um valor fixo em vez de ser realizada por unidade produzida, teríamos, nesse caso, uma mão de obra direta, porém fixa.

QUESTÕES RESOLVIDAS

01. (CESGRANRIO – TRANSPETRO/2011) A classificação dos custos em diretos e indiretos é geralmente feita em relação ao:

a) volume da produção;
b) produto ou serviços prestados;
c) departamento dentro da empresa;
d) valor total do custo e o volume de atividade;
e) total das vendas em um determinado período de tempo.

Resposta:

Como mencionado no item "Conceito e classificação dos custos", a classificação dos custos em fixos e diretos diz respeito à forma como os custos se relacionam com os produtos/serviços. Assim, a resposta correta é a alternativa "b", produtos ou serviços prestados.

02. (CFC – Exame de Suficiência 2/2003) Uma empresa tem um custo fixo mensal pré-determinado no montante de R$ 297.000,00. No mês de julho de 2003 produziu 99.000 unidades de seu produto, incorrendo em R$ 693.000,00 de custo variável. Considerando, alternativamente, uma produção de 74.250 unidades o custo unitário da produção seria de:

a) R$ 10,00.

b) R$ 11,00.
c) R$ 12,33.
d) R$ 13,33.

Resposta:

Primeiramente, é necessário saber o custo variável por unidade; para isso usaremos os dados da produção de julho de 2003. Nesse período, o custo variável total foi de R$ 693.000,00 para a produção de 99.000 unidades. Assim, o custo variável por unidade é de R$ 7,00 (R$ 693.000,00/99.000und). Como já temos o custo variável por unidade, resta, agora, saber qual o custo fixo por unidade, dada a produção de 74.250 unidades. Neste caso, o custo fixo por unidade será de R$ 4,00 (R$ 297.000,00/74.250 und).

Identificados os custos fixo e variável por unidade, podemos obter o custo unitário de produção somando-os. Como resultado, temos o custo unitário de R$ 11,00 (R$ 7,00/und + R$ 4,00/und), o que torna correta a alternativa "b".

03. (CFC – Exame de Suficiência 2/2011) De acordo com a terminologia de custos, julgue os itens abaixo como verdadeiros (V) ou falsos (F) e, em seguida, assinale a opção CORRETA.

I – A depreciação de equipamentos que são utilizados em mais de um produto é classificada como custos indiretos de fabricação.

II – Quando uma indústria produz apenas um produto, não existe alocação de custos indiretos de fabricação.

III – O valor anormal de desperdício de materiais, mão de obra ou outros insumos de produção são incluídos como custo do período.

IV – O critério PEPS pressupõe que os itens de estoque que foram comprados ou produzidos primeiro sejam vendidos em primeiro lugar e, consequentemente, os itens que permanecerem em estoque no fim do período sejam os mais recentemente comprados ou produzidos.

V – De acordo com o critério do custo médio ponderado, o custo de cada item é determinado a partir da média ponderada do custo de itens semelhantes no começo de um período e do custo dos mesmos itens comprados ou produzidos durante o período.

A sequência CORRETA é:

a) V, F, V, F, F.
b) V, F, V, F, V.
c) V, V, F, V, F.
d) V, V, F, V, V.

Resposta:

Como foi exposto no item "Classificação dos custos", os custos indiretos são caracterizados por não serem facilmente identificáveis com um produto em específico, o que torna a afirmação I *verdadeira*.

A afirmação II estabelece que, "quando uma indústria produz apenas um produto, não existe alocação de custos indiretos de fabricação". Isso ocorre porque todos os custos são referentes a este único produto, tornando a afirmação *verdadeira*.

A afirmação III trata de valores anormais de desperdício. De acordo com a teoria de custos, quaisquer valores considerados anormais devem ser tratados como perda e não como custos. Portanto, a afirmação é *falsa*.

Na afirmação IV temos o critério do PEPS, que significa "primeiro a entrar, primeiro a sair". Quando se utiliza esse critério, o estoque no final do período será composto pelos itens comprados ou produzidos mais recentemente, pois os produtos mais antigos serão os primeiros a saír do estoque. Isso torna *verdadeira* a afirmação IV.

A afirmação V aborda o critério do custo médio ponderado, no qual o custo de cada item é determinado a partir da média ponderada do custo de itens semelhantes no começo de um período e do custo dos mesmos itens comprados ou produzidos durante o período. De acordo com a teoria de custos, esta afirmação é *verdadeira*.

Assim, após a análise das afirmações, observamos que a sequência correta é VVFVV, o que resulta na alternativa "d" como a resposta correta dessa questão.

04. (CFC – Exame de Suficiência 2/2011) Uma indústria de alimentos pagou em 1º de dezembro de 2010 o valor de R$ 4.800,00 pela contratação de prêmio de seguro dos veículos utilizados para entrega dos produtos vendidos, vigente de dezembro de 2010 a novembro de 2011. Em janeiro de 2011, o registro contábil correspondente ao gasto com seguros gerou um aumento de:

a) R$ 400,00 em Despesa;
b) R$ 400,00 em Custo de Produção;
c) R$ 4.400,00 em Despesa;
d) R$ 4.400,00 em Custo de Produção.

Resposta:

Pela terminologia de custos, o custo corresponde aos gastos incorridos na produção. Nesse caso, como se trata de seguros referentes a veículos utilizados para a entrega dos produtos vendidos, temos caracterizada uma despesa. Como se trata de uma despesa antecipada, temos que reconhecê-la integralmente nesta conta de ativo e apropriá-la mensalmente como despesa, pelo valor correspondente a 1/12 (pois o seguro abrangerá o período de 12 meses). Ao dividirmos o valor do seguro por 12 meses, temos:

Despesa = R$ 4.800,00/12 = R$ 400,00

Esse é o valor da despesa com seguros que deverá ser apropriado mensalmente. Desse modo, teremos no mês de janeiro de 2011 um aumento de R$ 400,00 na despesa, o que corresponde à alternativa "a".

05. (ESAF – MPOG/2006) Assinale abaixo a opção que contém uma assertiva INCORRETA.

a) A matéria-prima classificada como custo direto corresponde aos materiais cujo consumo podemos quantificar no produto. Se não for possível a identificação da quantidade aplicada no produto, passa a ser um elemento de custo indireto.

b) Custos semivariáveis são aqueles que possuem em seu valor uma parcela fixa e outra variável. Isto é, têm um comportamento de custo fixo até certo momento e, depois, se comportam como custo variável.

c) Custos semifixos são aqueles elementos de custos classificados de fixos que se alteram em decorrência de uma mudança na capacidade de produção instalada.

d) Custo total é a somatória dos custos fixos e variáveis, sendo que os custos semifixos e semivariáveis têm o mesmo significado.

e) A mão de obra direta compreende os funcionários que atuam diretamente no produto e cujo tempo gasto possa ser identificado, isto é, apontado no produto.

Resposta:

Na exposição dos conceitos, vimos que os custos diretos "são os custos que são facilmente identificados ao produto". No caso da matéria-prima, é possível identificar a quantidade aplicada a cada produto e, por isso, trata-se de um custo direto, o que torna *correta* a alternativa "a".

A alternativa "b" aborda o conceito de custos semivariáveis, tratando-os como aqueles que possuem uma parcela fixa e outra variável, comportando-se como custo fixo até certo momento e, depois, como custo variável. A afirmativa encontra-se *correta* por estar em consonância com o conceito apresentado para esse tipo de custo.

Já os custos semifixos são aqueles que embora fixos, sofrem variação quando há mudança do nível de produção ou da capacidade instalada. Por isso, a alternativa "c" está *correta*.

A alternativa "d" estabelece o custo total como o somatório dos custos fixos e variáveis, o que é correto. No entanto, como pudemos observar na discussão das alternativas anteriores, os custos semifixos e semivariáveis não têm o mesmo significado. A alternativa está, portanto, *incorreta*.

A alternativa "e" afirma que a "mão de obra direta compreende os funcionários que atuam diretamente no produto e cujo tempo gasto possa ser identificado". A alternativa é considerada correta pelos mesmos motivos que tornam a alternativa "a" correta.

Assim, após a discussão das alternativas, a resposta certa dessa questão é a alternativa "d".

capítulo · 2

O custeio por absorção e o custeio variável

Para mensurar o resultado, torna-se fundamental a escolha de um método de custeio adequado, o que vai proporcionar validez à mensuração. O custeio por absorção, o custeio variável e o custeio baseado em atividades (*Activity Based Costing* – ABC) são os principais métodos de custeio discutidos pela contabilidade gerencial, sendo o último abordado especialmente sob a ótica da gestão estratégica de custos. Nesse primeiro momento, apresentaremos apenas os métodos de custeio por absorção e variável.

Embora a discussão teórica sobre o custeio se concentre principalmente nas vantagens e desvantagens apresentadas por cada um dos métodos, considera-se que a escolha do método de custeio mais apropriado para utilização na contabilidade gerencial deva ser realizada sempre considerando as características da empresa, bem como a relação custo-benefício de sua adoção.

Sobre isso, o professor Eliseu Martins (2003) tece consideração interessante. Segundo ele, é incorreto dizer que um método é, por definição, melhor do que o outro, pois, na realidade, um é melhor do que o outro em determinadas circunstâncias, para determinadas utilizações etc.

O custeio por absorção é aquele onde os custos fixos e variáveis são alocados aos objetos de custo, sejam estes produtos, serviços ou clientes. No entanto, as despesas, quaisquer que sejam a sua natureza (fixa ou variável), não são alocadas e são contabilizadas no resultado do período.

Dessa forma, o custeio por absorção pressupõe a identificação dos gastos em duas categorias: custos e despesas. Os custos são todos aqueles gastos relacionados ao processo produtivo do bem ou serviço, sendo consideradas despesas os demais gastos.

Para alocar os custos fixos aos objetos de custos, o custeio por absorção utiliza critérios de rateio (por exemplo, horas-máquina), os quais devem ser escolhidos com cautela, sob pena de distorcer o custo do produto. Jiambalvo (2002) sintetiza os problemas ocasionados por alocações arbitrárias de custos, afirmando que diversas bases de alocação podem ser igualmente justificáveis, mas podem provocar resultados diferentes. O autor ainda expõe que essas diferenças de resultado podem levar os gerentes a defender naturalmente o critério que faz seu desempenho parecer melhor, e rejeitar aquelas que esboçam uma visão desfavorável do seu desempenho.

Já o custeio variável é caracterizado por atribuir apenas os custos e despesas variáveis aos objetos de custo. Com o seu uso direcionado para a atividade gerencial, tem sido apontado por diversos autores como uma importante ferramenta para determinação do custo dos produtos, serviços, clientes e outros objetos de custos, no processo decisório.

Mas isso não significa que os custos fixos devam ser ignorados nas decisões. Se o custo fixo for identificável com determinado produto, serviço ou cliente, esse custo deve ser associado a eles, pois o que se pretende evitar é a falta de validez da mensuração (o que ocorre quando os valores não possuem relação com os objetos de medição).

Podemos observar a diferença de custo unitário do produto, decorrente das diferenças entre os métodos de custeio, por meio do seguinte exemplo:

Uma determinada indústria, que produz apenas um tipo de produto, tem a seguinte estrutura de gastos para a produção de 10.000 unidades:

Custos e despesas variáveis por unidade	
Mão de obra direta	R$ 2,00
Material direto	R$ 3,00
Despesas variáveis de vendas	R$ 1,00
Custos e despesas fixas do período	
Custos fixos de produção	R$ 50.000,00

Custos e despesas fixas do período	
Despesas administrativas	R$ 80.000,00

Pelo custeio por absorção, teríamos o seguinte custo por unidade:

Mão de obra direta	R$ 2,00
Material direto	R$ 3,00
Custos fixos de produção (R$ 50.000,00/10.000und)	R$ 5,00
Custo por unidade	**R$ 10,00**

Já pelo custeio variável, o custo do produto por unidade seria:

Mão de obra direta	R$ 2,00
Material direto	R$ 3,00
Despesas variáveis de vendas	R$ 1,00
Custo por unidade	**R$ 6,00**

Como pode ser observado, o método de custeio utilizado resultou em diferentes valores de custo final do produto. Por isso, os gestores devem buscar alinhar o uso do método de custeio ao tipo de informação que se deseja, de forma a melhorar a qualidade das decisões.

Vale salientar que, para fins fiscais, apenas o custeio por absorção é aceito como método de custeamento dos produtos. Essa determinação legal pode ser observada no art. 290 do Decreto nº 3.000/1999, o qual afirma que o custo da produção dos bens e serviços compreenderá, obrigatoriamente:

a) o custo de aquisição de matérias-primas e quaisquer outros bens ou serviços aplicados ou consumidos na produção, inclusive os de transporte e seguro até o estabelecimento do contribuinte e os tributos não recuperáveis devidos na aquisição ou importação;

b) o custo do pessoal aplicado na produção, inclusive na supervisão direta, manutenção e guarda das instalações de produção;

c) os custos de locação, manutenção e reparo e os encargos de depreciação dos bens aplicados na produção;

d) os encargos de amortização, diretamente relacionados com a produção; e
e) os encargos de exaustão dos recursos naturais utilizados na produção.

Como algumas restrições têm sido relatadas no que diz respeito à utilização do custeio por absorção para a tomada de decisão nas empresas, principalmente pelo fato de o método propor o rateio dos custos fixos, o custeio variável e as abordagens decorrentes dele têm se destacado na análise e gestão de custos para decisão.

QUESTÕES RESOLVIDAS

01. (CESGRANRIO – Técnico Nível Superior – EPE – 2006) Em relação aos métodos de custeio existentes, há um que é o mais indicado, conforme os princípios fundamentais de contabilidade. Além disso, este método é aceito pela legislação fiscal, desde que a empresa mantenha um sistema de contabilidade de custos integrado e coordenado com a contabilidade regular. Tal método é o de:
a) custeio por absorção;
b) custeio ABC;
c) custeio variável;
d) custo-padrão;
e) GECON.

Resposta:
De acordo com o art. 290 do Decreto n° 3.000/1999, o método de custeio aceito é o custeio por absorção, mencionado na alternativa "a".

02. (CFC – Exame de Suficiência 2/2011) No primeiro semestre de 2011, uma determinada indústria tem os seguintes custos indiretos em seu departamento de colocação de tampas em garrafas.

Mão de obra indireta	R$ 11.200,00
Lubrificantes	R$ 2.450,00

Energia elétrica	R$ 3.325,00
Depreciação	R$ 1.750,00
Custos indiretos diversos	R$ 4.200,00

Nesse primeiro semestre, foram produzidas 24.500 dúzias de garrafas de 0,5 litros, 28.000 dúzias de garrafas de 1,0 litro e 17.500 dúzias de garrafas de 1,5 litro. Com base na quantidade produzida, assinale a opção que apresenta o rateio dos custos indiretos das garrafas.

a) A garrafa de 1,0 litro totalizou custos indiretos na ordem de R$ 9.651,43.
b) A garrafa de 1,5 litro totalizou custos indiretos na ordem de R$ 9.050,79.
c) As garrafas de 0,5 e 1,0 litro totalizaram custos indiretos na ordem de R$ 17.193,75.
d) As garrafas de 1,0 e 1,5 litro totalizaram custos indiretos na ordem de R$ 18.702,22.

Resposta:

O primeiro passo para responder à questão é obter o total dos custos indiretos. Nesse caso, temos o total de R$ 22.925,00. O total da produção, somando os três tipos de garrafas, é de 70.000 dúzias de garrafas. Como a questão pede o rateio dos custos indiretos, baseado na quantidade produzida, ao distribuir proporcionalmente o total de R$ 22.925,00, temos:

- Para a garrafa de 0,5 litros: (24.500 dúzias/70.000 dúzias) x R$ 22.925,00 = R$ 8.023,75.
- Para a garrafa de 1,0 litro: (28.000 dúzias/70.000 dúzias) x R$ 22.925,00 = R$ 9.170,00.
- Para a garrafa de 1,5 litros: (17.500 dúzias/70.000 dúzias) x R$ 22.925,00 = R$ 5.731,25.

Ao analisarmos as alternativas apresentadas, observamos que as opções "a" e "b" não respondem corretamente à questão, pois os custos da garrafa de 1,0 e 1,5 litros totalizaram custos indiretos de R$ 9.170,00 e R$ 5.731,25, respectivamente. A alternativa "c" afirma que as garrafas de 0,5 e 1,0 litro totalizaram custos indiretos na ordem de R$ 17.193,75, o que realmente é constatado quando somamos os valores de R$ 8.023,75 e R$ 9.170,00. A alternativa "d" é incorreta, pois as garrafas de 1,0 e 1,5 litro totalizaram custos indiretos na ordem de R$ 14.901, 25 e não R$ 18.702,22. Dessa forma, a alternativa "c" é a resposta correta nesta questão.

03. (CFC – Exame de Suficiência 1/2011) Uma determinada empresa, no mês de agosto de 2010, apresentou custos com materiais diretos no valor de R$ 30,00 por unidade e custos com mão de obra direta no valor de R$ 28,00 por unidade. Os custos fixos totais do período foram de R$ 160.000,00. Sabendo-se que a empresa produziu no mês 10.000 unidades totalmente acabadas, o custo unitário de produção pelo método do custeio por absorção e custeio variável é, respectivamente:

a) R$ 46,00 e R$ 44,00.
b) R$ 58,00 e R$ 46,00.
c) R$ 74,00 e R$ 58,00.
d) R$ 74,00 e R$ 74,00.

Resposta:
Como o custeio por absorção aloca ao produto os custos fixos e variáveis, temos:

Mão de obra direta	R$ 28,00/und
Material direto	R$ 30,00/und
Custos fixos de produção (R$ 160.000,00/10.000und)	R$ 16,00/und
Custo por unidade	R$ 74,00/und

Pelo custeio variável, o qual aloca ao produto os custos e despesas variáveis, o custo unitário de produção seria:

Mão de obra direta	R$ 28,00/und
Material direto	R$ 30,00/und
Custo por unidade	R$ 58,00/und

Assim, tem-se como resposta para esta questão a alternativa "c": R$ 74,00/und e R$ 58,00/und.

04. (CFC – Exame de Suficiência I/2011) Uma determinada empresa apresentou os seguintes dados referentes ao ano de 2010:
- Estoque inicial igual a zero.
- Produção anual de 500 unidades com venda de 400 unidades.
- Custo variável unitário de R$ 15,00.
- Preço de venda unitário de R$ 20,00.
- Custo fixo anual de R$ 2.000,00.
- Despesas fixas anuais de R$ 350,00.
- Despesa variável unitária de R$ 1,50 para cada unidade vendida.

Sabendo-se que a empresa utiliza o custeio por absorção, seu lucro bruto e o resultado líquido em 2010, são, respectivamente:

a) Lucro bruto de R$ 2.000,00 e lucro líquido de R$ 1.050,00.
b) Lucro bruto de R$ 2.000,00 e prejuízo de R$ 950,00.
c) Lucro bruto de R$ 400,00 e lucro líquido de R$ 50,00.
d) Lucro bruto de R$ 400,00 e prejuízo de R$ 550,00.

Resposta:

Como se trata de custeio por absorção, computaremos todos os custos, para encontrar o custo unitário do produto.

Custo variável unitário de R$ 15,00
Custo fixo anual de R$ 2.000,00, o que significa um custo fixo unitário de R$ 4,00 (R$ 2.000,00 divididos por 500 unidades produzidas).
Custo unitário total = R$ 15,00 + R$ 4,00 = R$ 19,00

Como foram vendidas 400 unidades e o estoque inicial era zero, o custo dos produtos vendidos no período foi de R$ 7.600,00 (400 x R$ 19,00). Com esses dados, podemos elaborar a demonstração de resultado.

Receita de vendas (R$ 20,00/und x 400 und)	R$ 8.000,00
(-) Custo dos produtos vendidos	R$ 7.600,00

Lucro bruto		R$ 400,00
(-) Despesas		
fixas anuais	R$ 350,00	
Variáveis (R$ 1,50/und * 400 und)	R$ 600,00	R$ (950,00)
Lucro (prejuízo) do período		R$ (550,00)

Assim, a resposta correta à questão é a alternativa "d", lucro bruto de R$ 400,00 e prejuízo de R$ 550,00.

capítulo · 3

Análise custo-volume-lucro

A análise custo-volume-lucro é uma técnica utilizada na gestão de custos para observar o impacto nos lucros ocasionado pelas mudanças de algumas variáveis, tais como volume, composto de produtos, preço de venda, custos fixos e variáveis. Quatro conceitos são comumente associados a esse tipo de análise: margem de contribuição, ponto de equilíbrio, margem de segurança e alavancagem operacional.

3.1. MARGEM DE CONTRIBUIÇÃO

A margem de contribuição, a qual decorre do uso do custeio variável, é considerada uma importante ferramenta para tomada de decisão, pois através dela é possível perceber a participação de determinado produto, serviço ou cliente na formação do resultado da empresa. A margem de contribuição é obtida da seguinte forma:

> **Margem de contribuição = Receita − Custos variáveis − Despesas variáveis**

Podemos observar a utilidade do conceito de margem de contribuição para a contabilidade gerencial, por meio do exemplo a seguir.

Suponha que um hotel, com capacidade para vender 10.000 diárias por ano, vem conseguindo obter ultimamente no mercado apenas 8.000 diárias, ao preço unitário de $ 100.

Sua estrutura de custos e despesas é a seguinte:

- Insumos: $ 20/diária
- Mão de obra direta: $ 10/diária
- Custos fixos: $ 150.000/ano
- Despesas fixas de administração: $ 100.000/ano
- Comissões pagas: 10% da receita.

O hotel recebe de determinado cliente uma proposta para que fornecer 2.000 diárias ao preço de $ 50 cada. Dadas as condições da proposta, deve o hotel aceitá-la?

Pelo custeio variável, método que permite a observação da margem de contribuição, teríamos o seguinte resultado:

Receita ($ 50 x 2.000 diárias)		100.000,00
Custos e despesas variáveis		
Insumos ($ 20 x 2.000 diárias)	40.000,00	
Mão de obra direta ($ 10 x 2.000 diárias)	20.000,00	
Comissões (100.000,00 x 10%)	10.000,00	**(70.000,00)**
Margem de contribuição		30.000,00

Para a situação inicial, antes da proposta, a demonstração de resultado apresenta o seguinte lucro:

Receita (8.000 diárias x $ 100)		800.000,00
Custo dos serviços vendidos		
Insumos (8.000 diárias x $ 20)	160.000,00	
MOD[1] (8.000 diárias x $ 10)	80.000,00	
Custos fixos	150.000,00	**(390.000,00)**
Lucro bruto		410.000,00
Comissões (800.000,00 x 10%)		(80.000,00)
Despesas administrativas		(100.000,00)
Lucro líquido		230.000,00

No entanto, ao aceitar a proposta, o resultado passaria a ser o seguinte:

Receita (8.000 x $100 + 2.000 x $50)		**900.000,00**
Custo dos serviços vendidos		
Insumos (8.000 x $20 + 2.000 x $20)	200.000,00	
MOD[2] (8.000 x $10 + 2.000 x $10)	100.000,00	
Custos fixos	150.000,00	**(450.000,00)**
Lucro bruto		**450.000,00**
Comissões (900.000,00 x 10%)		(90.000,00)
Despesas administrativas		(100.000,00)
Lucro líquido		**260.000,00**

Como pode ser observado, se recusasse a proposta o hotel deixaria de obter um lucro incremental de $ 30.000, além de deixar de utilizar a sua capacidade total de hospedagem. Esse tipo de informação só é possível quando há utilização do conceito de margem de contribuição e, consequentemente, do custeio variável.[2]

No entanto, o conceito de margem de contribuição para a tomada de decisão ganha outra perspectiva quando há a existência de fator limitante (fatores que limitam a produção). A limitação pode ser de matéria-prima, de horas-máquinas, de mão de obra etc. Para uma decisão mais acurada, quando há existência de algum fator limitante, devemos fazer um ajuste dividindo a margem de contribuição pelo fator limitante. Após o ajuste, os produtos que devem ter sua produção priorizada serão aqueles que apresentarem a maior margem de contribuição ajustada ao fator limitante.

---

2. Mão de obra direta.

QUESTÕES RESOLVIDAS

01. (CFC – Exame de Suficiência 2/2002) Uma empresa obteve, no primeiro semestre de 2002, uma receita com vendas no montante de R$ 1.650.000,00, um custo variável de fabricação de R$ 720.000,00, uma despesa variável de vendas de R$ 135.000,00 e um custo fixo de fabricação de R$ 320.000,00. A margem de contribuição pelo custeio direto e o resultado bruto pelo custeio por absorção no semestre são, respectivamente:

a) R$ 475.000,00; R$ 610.000,00.
b) R$ 610.000,00; R$ 795.000,00.
c) R$ 795.000,00; R$ 475.000,00.
d) R$ 795.000,00; R$ 610.000,00.

Resposta:

Primeiramente, precisamos calcular a margem de contribuição, através da diferença entre a receita e os custos e despesas variáveis:

Margem de contribuição =
R$ 1.650.000,00 – (R$ 720.000,00 + R$ 135.000,00) = R$ 795.000,00

Em seguida, calculamos o resultado pelo custeio por absorção, lembrando que este leva em consideração apenas os custos (independente de serem fixos ou variáveis):

Receita com vendas	R$ 1.650.000,00
Custo variável de fabricação	R$ 720.000,00
Custo fixo de fabricação	R$ 320.000,00
Resultado bruto	R$ 610.000,00

Temos, então, como resposta correta a alternativa "d", R$ 795.000,00; R$ 610.000,00.

02. (FGV – SEFAZ RJ/2010) A empresa X produz e vende unicamente o produto Y. A margem de contribuição unitária de Y duplicou do primeiro para o segundo trimestre de 2010. A causa correta para que esse fato tenha ocorrido é:
(Obs.: Mantendo-se constantes todas as outras variáveis)

a) diminuição do salário do contador;
b) aumento do valor do aluguel da fábrica;
c) diminuição do valor do aluguel da fábrica;
d) aumento do preço cobrado por Y;
e) aumento do custo da matéria prima utilizada para fabricar Y.

Resposta:

Como exposto anteriormente, a margem de contribuição é obtida pela diferença entre a receita e os custos e despesas variáveis. Isso torna incorretas as alternativas "a", "b" e "c", pois elas tratam de custos e despesas fixas, os quais não interferem na margem de contribuição. A alternativa "e" menciona como causa o "aumento do custo da matéria-prima utilizada para fabricar Y", mas pelo próprio conceito de margem de contribuição, qualquer aumento no custo ou despesa variável provocaria uma diminuição da margem e não um aumento. Assim sendo, a causa correta para a duplicação da margem é o aumento do preço cobrado por Y, conforme a alternativa "d".

03. (FCC – TRE AM/2010) A empresa Mogno produz quatro produtos, A, B, C e D. As informações referentes a cada produto são apresentadas a seguir:

Produtos	A	B	C	D
Preço em venda (unitário)	$ 60	$ 50	$ 70	$ 40
Custos variáveis (unitário)	$ 18	$ 10	$ 18	$ 6
Custos fixos (unitário)	$ 9	$ 5	$ 9	$ 3
Despesas variáveis (unitário)	$ 10	$ 10	$ 22	$ 2

Produtos	A	B	C	D
Despesas fixas (unitário)	$ 5	$ 5	$ 11	$ 1

Os custos fixos são comuns aos quatro tipos de produtos e alocados com base nos custos variáveis unitários. As despesas fixas são alocadas em função das despesas variáveis unitárias. Sabendo que a empresa tem recursos para investir em propaganda de dois produtos e que o objetivo é a maximização do lucro, os produtos que deverão ter sua venda incentivada são:

a) A e B.
b) C e A.
c) C e B.
d) D e B.
e) A e D.

Resposta:

Nessa questão, o objetivo é incentivar a venda dos dois produtos mais lucrativos, por meio de investimentos em propaganda. Como os custos fixos são comuns e tanto estes quanto as despesas fixas são alocados com base nos custos e despesas variáveis unitários, respectivamente, temos de observar os produtos sob a perspectiva da margem de contribuição. Calculando a margem de contribuição de cada um deles, podemos identificar quais os dois produtos que apresentam a maior margem.

Produtos	A	B	C	D
Preço em venda (unitário)	$ 60	$ 50	$ 70	$ 40
(-) Custos variáveis (unitário)	$ 18	$ 10	$ 18	$ 6
(-) Despesas variáveis (unitário)	$ 10	$ 10	$ 22	$ 2
Margem de contribuição	$ 32	$ 30	$ 30	$ 32

Os produtos que possuem a maior margem de contribuição e que devem ter suas vendas incentivadas são os produtos A e D. Com isso, a resposta correta à questão é a alternativa "e".

04. (CESGRANRIO – BNDES/2009) A Indústria Kinkilharias S.A. fabrica e vende 5 produtos diferentes. Abaixo, é apresentado o quadro de valores unitários da empresa, em reais, considerando-se que são produzidas e vendidas 2.000 unidades de cada produto por mês.

Modelo	Matéria-prima	Mão de obra direta	Custos indiretos variáveis	Custos indiretos fixos	Soma de todos os custos	Preço de venda unitário	Lucro unitário
ALFA	15,00	20,00	10,00	60,00	105,00	150,00	45,00
BETA	20,00	30,00	15,00	80,00	145,00	200,00	65,00
DELTA	13,00	16,00	16,00	80,00	125,00	160,00	35,00
ÉPSILON	19,00	28,00	18,00	100,00	165,00	190,00	25,00
GAMA	17,00	24,00	14,00	110,00	165,00	210,00	45,00

Com base nos dados acima, o produto que apresenta a maior margem de contribuição unitária é:

a) ALFA.
b) GAMA.
c) DELTA.
d) ÉPSILON.
e) BETA.

Resposta:

Para encontrar o produto com maior margem de contribuição unitária é preciso primeiro calcular a margem de contribuição para cada um dos produtos. Para isso, devemos identificar os custos e despesas variáveis e subtraí-los do preço de venda.

Produtos	ALFA	BETA	DELTA	ÉPSILON	GAMA
Preço em venda	150,00	200,00	160,00	190,00	210,00
(-) Matéria-prima	15,00	20,00	13,00	19,00	17,00
(-) Mão de obra direta	20,00	30,00	16,00	28,00	24,00

Produtos	ALFA	BETA	DELTA	ÉPSILON	GAMA
(-) Custos indiretos variáveis	10,00	15,00	16,00	18,00	14,00
Margem de contribuição	105,00	135,00	115,00	125,00	155,00

Como resultado, temos que o produto com a maior margem de contribuição unitária é o GAMA, o que conduz à alternativa "b".

05. (FGV – TCM RJ/2008) Determinada empresa industrial fabrica e vende dois produtos: M e C. Observe os dados desses dois produtos:

Produto	M	C
Preço de venda	25,00	15,00
Matéria-prima A (em kg/unid.)	1	1,2
Matéria-prima B (em kg/unid.)	2	0,5
Horas-máquina 1 (em h/unid.)	2	2
Horas-máquina 2 (em h/unid.)	3	1
Demanda (em unid./mês)	50	80

Sabe-se que os recursos são onerosos e limitados, conforme a tabela a seguir:

Recursos	Custo-unitário	Disponibilidade
Matéria-prima A	$ 1,00/Kg	140 Kg
Matéria-prima B	$ 2,00/Kg	150Kg
Máquina 1	$ 3,00/h	300h
Máquina 2	$ 4,00/h	300h

Sabe-se, ainda, que:

I – a empresa não tem como aumentar as suas disponibilidades no próximo mês; portanto, precisa gerenciar aquelas restrições;

II – a empresa tem por política trabalhar sem estoque final de produtos acabados.

Assinale a alternativa que indique quantas unidades a empresa precisa produzir e vender de cada produto no próximo mês para maximizar seu resultado nesse próximo mês.

a) M = 25; C = 0.
b) M = 0; C = 116,67.
c) M = 44; C = 80.
d) M = 44; C = 96.
e) M = 50; C = 80.

Resposta:

Para responder à questão, precisamos inicialmente calcular a margem de contribuição de cada produto.

CUSTO INDIVIDUAL

	M			C		
	Quant	$	$ Total	Quant	$	$ Total
Matéria-prima A	1kg	$ 1,00/Kg	1,00	1,2kg	$ 1,00/Kg	1,20
Matéria-prima B	2kg	$ 2,00/Kg	4,00	0,5kg	$ 2,00/Kg	1,00
Horas-máquina 1	2h	$ 3,00/h	6,00	2kg	$ 3,00/h	6,00
Horas-máquina 2	3h	$ 4,00/h	12,00	1kg	$ 4,00/h	4,00
Total $			23,00			12,20

MARGEM DE CONTRIBUIÇÃO

Produtos	M	C
Preço em venda	$ 25,00	$ 15,00
(-) Custos diretos	$ 23,00	$ 12,20

Produtos	M	C
Margem de contribuição	$ 2,00	$ 2,80

É informado que a empresa não mantém estoque final de produtos acabados, o que significa que a produção máxima deve corresponder à quantidade demandada. Considerando a existência de limitação de recursos e que a intenção é a maximização do resultado, a prioridade de produção deve ser do produto que apresenta a maior margem de contribuição: o produto C. A empresa deverá, então, produzir e vender toda a quantidade demandada para C, a qual corresponde às 80 unidades.

Os custos consumidos na produção das 80 unidades de C serão:

Recursos	Consumo para 1 unidade de C	Consumo para 80 unidades de C
Matéria-prima A	1,2 (em kg/unid.)	96 kg
Matéria-prima B	0,5 (em kg/unid.)	40 kg
Horas-máquina 1	2 (em h/unid.)	160 h
Horas-máquina 2	1 (em h/unid.)	80 h

Após a fabricação de C, restará a seguinte quantidade de recursos:

Recursos	Disponibilidade inicial	Quantidade usada para C	Disponibilidade restante
Matéria-prima A	140 Kg	96 kg	44 kg
Matéria-prima B	150Kg	40 kg	110 kg
Máquina 1	300h	160 h	140 h
Máquina 2	300h	80 h	220 h

Dividindo a quantidade restante pela quantidade necessária para produzi M, temos:

Recursos	Consumo para 1 unidade de M	Disponibilidade	Quantidade que pode ser produzida
Matéria-prima A	1 (em kg/unid.)	44 kg	44 unidades
Matéria-prima B	2 (em kg/unid.)	110 kg	55 unidades
Horas-máquina 1	2 (em h/unid.)	140 h	70 unidades
Horas-máquina 2	3 (em h/unid.)	220 h	73,33 unidades

Logo, só existem recursos suficientes para produzir 44 unidades do item M; o que conduz a alternativa "c".

06. (CFC – Exame de Suficiência 1/2011) Uma fábrica de camisetas produz e vende, mensalmente, 3.500 camisetas ao preço de R$ 5,00 cada. As despesas variáveis representam 20% do preço de venda e os custos variáveis são de R$ 1,20 por unidade. A fábrica tem capacidade para produzir 5.000 camisetas por mês, sem alterações no custo fixo atual de R$ 6.000,00. Uma pesquisa de mercado revelou que ao preço de R$ 4,00 a unidade, haveria demanda no mercado para 6.000 unidades por mês.

Caso a empresa adote a redução de preço para aproveitar o aumento de demanda, mantendo a estrutura atual de custos fixos e capacidade produtiva, o resultado final da empresa:

a) aumentará em R$ 2.200,00;
b) aumentará em R$ 200,00;
c) reduzirá em R$ 3.500,00;
d) reduzirá em R$ 800,00.

Resposta:

Para responder à questão, primeiro devemos calcular o lucro na atual situação de preço e demanda.

- Demanda atual: 3.500 camisetas.
- Preço atual: R$ 5,00/camiseta.

- Despesas Variáveis: 20% do preço de venda.
- Custos Variáveis: R$ 1,20/und.
- Custo Fixo atual: R$ 6.000,00.

Lucro situação atual	
Receita (3.500 x R$ 5,00)	R$ 17.500,00
Despesas variáveis (20%)	R$ (3.500,00)
Custos variáveis (3.500 x R$ 1,20)	R$ (4.200,00)
Margem de contribuição	R$ 9.800,00
Custos fixos	R$ (6.000,00)
Lucro	R$ 3.800,00

Ajustando a demanda para 6.000 unidades por mês, ao preço de R$ 4,00/unidade, conforme a pesquisa de mercado, o lucro passaria para:

Lucro com ajuste da demanda	
Receita (5.000 x R$ 4,00)	R$ 20.000,00
Despesas variáveis (20%)	R$ (4.000,00)
Custos variáveis (5.000 x R$ 1,20)	R$ (6.000,00)
Margem de contribuição	R$ 10.000,00
Custos fixos	R$ (6.000,00)
Lucro	R$ 4.000,00

Como pode ser observado, aproveitando o aumento da demanda a empresa aumenta o lucro em R$ 200,00, o que conduz à alternativa "b" como resposta correta.

3.2. PONTO DE EQUILÍBRIO

O ponto de equilíbrio é um conceito geralmente utilizado na análise da relação custo-volume-lucro e representa o volume de vendas necessário para que a empresa não apresente nem lucro nem prejuízo.

O ponto de equilíbrio pode ser analisado sob três diferentes perspectivas: contábil, financeiro e econômico.

O ponto de equilíbrio contábil é aquele no qual a margem de contribuição é suficiente para cobrir os custos e as despesas fixas. É determinado através do quociente:

$$\text{Ponto de equilíbrio contábil} = \frac{\text{Custos fixos + Despesas fixas}}{\text{Margem de contribuição unitária}}$$

ou

$$\text{Ponto de equilíbrio contábil} = \frac{\text{Custos fixos + Despesas fixas}}{\text{\% Margem de contribuição}}$$

Graficamente, ele assume a seguinte forma:

PONTO DE EQUILÍBRIO CONTÁBIL

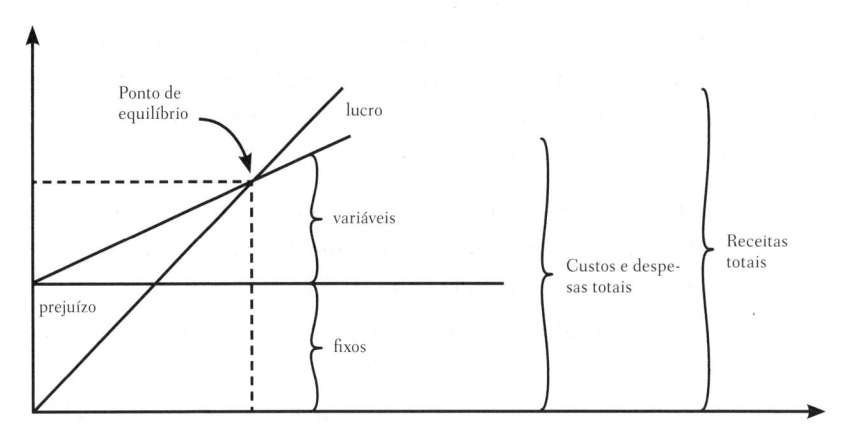

Fonte: Martins (2003).

Na figura apresentada, a área situada abaixo do ponto de equilíbrio é a área de prejuízo, enquanto aquela situada acima é a área que corresponde à faixa de lucro.

O ponto de equilíbrio financeiro é aquele no qual são levados em consideração apenas os custos e despesas que representam desembolso, sendo, portanto, o ponto no qual a margem de contribuição é suficiente para cobrir os custos e despesas fixas, resultando em um caixa de valor zero. O ponto de equilíbrio financeiro é expresso da seguinte forma:

$$PEF = \frac{(\text{Custos fixos} + \text{Despesas fixas}) - (\text{Custos} + \text{Despesas fixas não desembolsáveis})}{\text{Margem de contribuição unitária}}$$

Já o ponto de equilíbrio econômico é aquele necessário para cobrir o lucro desejado, considerando o custo de oportunidade. É o ponto no qual a margem de contribuição é suficiente para cobrir os custos e despesas fixas e ainda fornecer à empresa o lucro desejado.

$$PEE = \frac{(\text{Custos fixos} + \text{Despesas fixas}) + \text{Lucro desejado}}{\text{Margem de contribuição unitária}}$$

Podemos citar como sua principal contribuição na contabilidade gerencial, o fato de que a análise do ponto de equilíbrio permite observar o volume de vendas necessário para obter vários níveis de lucro. No entanto, é preciso ressaltar que a análise do ponto de equilíbrio é realizada sob as seguintes suposições[3]:

a) O preço de venda é constante (para isso, considera-se que a elasticidade da demanda é alta o suficiente, para o preço de venda se manter inalterado mesmo quando o volume de vendas aumenta);
b) Existe apenas um produto ou um composto constante de vendas;
c) A eficiência da produção é constante;
d) Os estoques não sofrem mudanças materiais a cada período;
e) O custo variável por unidade é constante;
f) O custo fixo total é constante;

---

3. Shim, Jae K.; SIEGEL, Joel G. Handbook of Financial Analysis, Forecasting and Modeling. 2. ed. Chicago: CCH, 2004.

g) Os custos fixos e variáveis são apropriadamente separados, identificados e quantificados;
h) O único fator que afeta o custo variável é o volume.

QUESTÕES RESOLVIDAS

01. (CFC – Exame de Suficiência 1/2011) Uma empresa de treinamento está planejando um curso de especialização. Os custos previstos são: custos variáveis de R$ 1.200,00 por aluno e custos fixos de R$ 72.000,00, dos quais R$ 4.800,00 referem-se à depreciação de equipamentos a serem utilizados. O curso será vendido a R$ 6.000,00 por aluno. O ponto de equilíbrio contábil se dá com:

a) 10 alunos;
b) 12 alunos;
c) 14 alunos;
d) 15 alunos.

Resposta:

Para resolver a questão é preciso, primeiramente, calcular a margem de contribuição.

Receita por aluno	R$ 6.000,00
(-) Custos variáveis	(R$ 1.200,00)
Margem de contribuição por aluno	R$ 4.800,00

Uma vez calculada a margem de contribuição, aplicamos a fórmula do ponto de equilíbrio, de modo a identificar quantos alunos são necessários para cobrir os custos e despesas fixas.

$$\text{Ponto de equilíbrio} = \frac{R\$\ 72.000,00}{R\$\ 4.800,00} = 15$$

O ponto de equilíbrio se dá com 15 alunos. Portanto, a resposta correta é a alternativa "d"

02. (CFC – Exame de Suficiência 2/2003) No primeiro semestre de 2003 uma empresa produziu e vendeu 5.500 unidades de um determinado produto, apresentando o seguinte resultado:

Receita total	R$ 99.000.000,00
(-) Custos e despesas variáveis de produtos vendidos	R$ 60.500.000,00
Margem de contribuição	R$ 38.500.000,00
Custos e despesas fixas	R$ 11.000.000,00
Resultado operacional	R$ 27.500.000,00

A alternativa **INCORRETA** baseada nos dados acima é:

a) O ponto de equilíbrio contábil demonstra que a empresa precisa vender 1.571 unidades para cobrir seus custos fixos e despesas.

b) O ponto de equilíbrio financeiro demonstra que a empresa precisa vender 1.550 unidades para cobrir uma dívida total de R$ 13.000.000,00 pagável em 5 parcelas, vencendo a primeira neste ano e uma depreciação no montante de 25% dos custos e despesas fixas.

c) O ponto de equilíbrio econômico demonstra que a empresa precisa vender 3.235 unidades para cobrir um lucro desejado de 25% numa política sobre os custos além de levar em conta o custo de oportunidade.

d) O ponto de equilíbrio econômico demonstra que a empresa precisa vender 1.335 unidades para obter um lucro desejado de 30%, numa política sobre os custos e não levando em conta o custo de oportunidade.

Resposta:

Como a questão diz respeito ao ponto de equilíbrio, o primeiro passo é encontrar a margem de contribuição por unidade. Com os dados apresentados na questão, temos:

$$\text{Preço unitário} = \frac{\text{R\$ 99.000.000,00}}{5.500 \text{ unidades}} = \text{R\$ 18.000,00/und}$$

$$\text{Custo variável unitário} = \frac{\text{R\$ 60.500.000,00}}{5.500 \text{ unidades}} = \text{R\$ 11.000,00/und}$$

Uma vez calculada a margem de contribuição de R$ 7.000/und (R$ 18.000.000,00/und – R$ 11.000.000,00/und), o ponto de equilibro contábil será de:

$$\text{PEC} = \frac{\text{R\$ 11.000.000,00}}{\text{R\$ 7.000,00/und}} = 1.571 \text{ und}$$

A alternativa "a" afirma que o ponto de equilíbrio contábil é de 1.571 unidades, o que é correto, excluindo essa alternativa como resposta à questão.

A alternativa "b" trata do ponto de equilíbrio financeiro, considerando uma dívida de R$ 13.000.000,00 pagável em 5 parcelas, com a primeira vencendo neste ano e uma depreciação no montante de 25% dos custos e despesas fixas. Para encontrar o ponto de equilíbrio financeiro devemos primeiro encontrar a parcela da dívida que deve ser paga nesse período e a depreciação.

- Parcela da dívida = R$ 13.000.000,00/5 parcelas = R$ 2.600.000,00.
- Depreciação = R$ 11.000.000,00 x 25% = R$ 2.750.000,00.

$$\text{PEF} = \frac{\text{R\$ 11.000.000,00} + 2.600.000,00 - 2.750.000,00}{\text{R\$ 7.000,00/und}} = 1.550 \text{ und}$$

A alternativa "b" afirma que o ponto de equilíbrio financeiro seria de 1.550 unidades, o que está correto. Isso exclui a alternativa "b" como resposta à questão.

A alternativa "c" afirma que o ponto de equilíbrio econômico teria que ser 3.235 unidades para que a empresa cobrisse um lucro desejado de 25% numa política sobre os custos e levando em conta o custo de oportunidade. Como se trata de uma política sobre os custos, iremos ajustá-los no percentual desejado de 25% para achar o ponto de equilíbrio econômico.

$$PEE = \frac{R\$ 11.000.000,00 + (11.000.000,00 \times 25\%)}{18.000,00 - [11.000.000,00 + (11.000.000,00 \times 25\%)]} =$$

$$= \frac{R\$ 13.750.000,00}{R\$ 4.250,00/und} = 3.235 \text{ und}$$

Como podemos observar, a alternativa "c" também faz uma afirmação correta. Portanto, a resposta incorreta é a alternativa "d".

03. (CFC – Exame de Suficiência 2/2011) Uma empresa apresenta duas propostas de orçamento para o segundo semestre de 2012.

	Orçamento 1	%	Orçamento 2	%
Vendas	R$ 8.550.000,00	100	R$ 14.400.000,00	100
Custos variáveis	R$ 5.130.000,00	60	R$ 5.760.000,00	40
Margem contribuição	R$ 3.420.000,00	40	R$ 8.640.000,00	60
Custos fixos	R$ 1.795.500,00	21	R$ 4.752.000,00	33
Lucro líquido	R$ 1.624.500,00	19	R$ 3.888.000,00	27

Os pontos de equilíbrio contábil dos orçamentos 1 e 2, em valores monetários, são, respectivamente:
a) R$ 9.450.000,00 e R$ 17.600.000,00.
b) R$ 7.735.714,29 e R$ 11.781.818,18.
c) R$ 4.488.750,00 e R$ 7.920.000,00.
d) R$ 4.061.250,00 e R$ 6.480.000,00.

Resposta:

De acordo com a fórmula do ponto de equilíbrio contábil, para os orçamentos 1 e 2 temos os seguintes valores:

$$PEC = \frac{\text{Custos fixos + Despesas fixas}}{\text{Margem de contribuição unitária}}$$

$$PEC \text{ para o orçamento } 1 = \frac{1.795.500,00}{3.420.000,00} = 0,525$$

Ou

Em reais: 0,525 x 8.550.000,00 = R$ 4.488.750,00

$$PEC \text{ para o orçamento } 2 = \frac{4.752.000,00}{8.640.000,00} = 0,55$$

Ou

Em reais: 0,55 x 14.400.000,00 = R$ 7.920.000,00

Assim, podemos dizer que os pontos de equilíbrio contábil dos orçamentos 1 e 2, em valores monetários, são, respectivamente, R$ 4.488.750,00 e R$ 7.920.000,00, conforme a alternativa "c".

04. (CFC – Exame de Suficiência 2/2004) Uma empresa fabrica um produto que é vendido a R$ 16,00 por unidade e tem custos variáveis totais de R$ 42.000,00 para a produção atual de 6.000 unidades. Sabendo-se que os custos fixos correspondem a R$ 31.500,00 mensais, é INCORRETO afirmar que:

a) O preço de venda de R$ 16,00 cobre o custo unitário de produção de R$ 12,25 numa análise de custeio por absorção.

b) O ponto de equilíbrio contábil foi atingido com 3.500 unidades.

c) O custo total para uma produção de 10.000 unidades será de R$ 122.500,00 numa análise de custeio variável.

d) A margem de contribuição unitária é de R$ 9,00.

Resposta:

Para analisar a veracidade da alternativa "a", precisamos calcular o custo unitário pelo custeio por absorção. Esse método de custeio atribui ao produto tanto os custos fixos quanto os variáveis, de modo que:

- Custo total: R$ 42.000,00 + R$ 31.500,00 = R$ 73.500,00.
- Custo unitário: R$ 73.500,00/6.000und = R$ 12,25/und.

O custo unitário de R$ 12,25/und é coberto pelo preço de venda de R$ 16,00/und, o que torna alternativa "a" correta.

A alternativa "b" afirma que o ponto de equilíbrio contábil é atingido com 3.500 unidades. Ao calcular o ponto de equilíbrio, temos:

Margem de contribuição unitária = R$ 16,00/und − (R$ 42.000,00/6.000 und)

= R$ 16,00/und − R$ 7,00/und = R$ 9,00/und

$$\text{Ponto de equilíbrio contábil} = \frac{\text{Custos fixos + Despesas fixas}}{\text{Margem de contribuição unitária}} = 0,55$$

$$\text{Ponto de equilíbrio contábil} = \frac{R\$ 31.500}{R\$ 9,00/und} = 500 \text{ und}$$

Calculado o ponto de equilíbrio de 3.500 unidades, a alternativa "b" está correta.

Como o processo de cálculo do ponto de equilíbrio revelou uma margem de contribuição unitária de R$ 9,00, a alternativa "d" também está correta. Portanto, a resposta é alternativa "c", a qual está <u>incorreta</u>.

Verificando a alternativa "c", temos que o custo total para uma produção de 10.000 unidades, numa análise de custeio variável é:

- Custo unitário para 6.000 unidades = R$ 42.000,00/6.000 und = R$ 7,00/und.
- Custo total pelo custeio variável para 10.000 unidades = R$ 7,00/und x 10.000 und = R$ 70.000.

O custo é, de fato, R$ 70.000,00 em vez de R$ 122.500,00 (valor apresentado na alternativa).

3.3. MARGEM DE SEGURANÇA

A margem de segurança indica o nível máximo de queda de receita na qual se pode incorrer antes que se passe a ter prejuízo. É a região da receita situada acima do ponto de equilíbrio, sendo obtida através do quociente:

$$\text{Margem de segurança} = \frac{\text{Receita} - \text{Receita no ponto de equilíbrio}}{\text{Receita}} \times 100$$

Esse quociente fornece a margem de segurança em termos percentuais, mas também é possível obter a margem de segurança em termos de valores monetários. Para isso, basta multiplicar a receita obtida pela empresa pelo percentual da margem de segurança.

$$\text{Margem de segurança (R\$)} = \text{Receita} \times \text{Margem de segurança percentual}$$

Podemos obter ainda margem de segurança em termos de unidades. Para isso, basta obter a diferença entre o total de unidades vendidas e o total de unidades correspondente ao ponto de equilíbrio.

QUESTÕES RESOLVIDAS

01. (CFC – Exame de Suficiência 1/2011) Um analista de custos resolveu aplicar as técnicas de análise do ponto de equilíbrio contábil para verificar o desempenho de uma determinada empresa. Sabia que a empresa vinha vendendo, nos últimos meses, 30.000 pacotes de produtos/mês, à base de R$ 35,00 por pacote. Seus custos e despesas fixas têm sido de R$ 472.500,00 ao mês e os custos e despesas variáveis, de R$ 15,00 por pacote.

A margem de segurança é de:

a) R$ 223.125,00.
b) R$ 270.000,00.
c) R$ 826.875,00.
d) R$ 1.050.000,00.

Resposta:

Para determinar a margem de segurança, inicialmente calcularemos a margem de contribuição e o ponto de equilíbrio.

Margem de contribuição unitária = R$ 35,00 − R$ 15,00 = R$ 20,00/und

$$\text{Ponto de equilíbrio contábil} = \frac{\text{Custos fixos} + \text{Despesas fixas}}{\text{Margem de contribuição unitária}}$$

$$\text{Ponto de equilíbrio contábil} = \frac{R\$\ 472.500,00}{R\$\ 20,00/\text{und}} = 23.625\ \text{und}$$

Uma vez calculado o ponto de equilíbrio contábil, procedemos ao cálculo da margem de segurança:

$$\text{Margem de segurança} = \frac{\text{Receita} - \text{Receita no ponto de equilíbrio}}{\text{Receita}} \times 100$$

$$MS = \frac{(30.000\text{und} * R\$\ 35,00) - (23.625 * R\$\ 35,00)}{(30.000\text{und} * R\$\ 35,00)} \times 100 = 21,25\%$$

Ou (em reais)

Margem de segurança (R$) = Receita x MS% = R$ 1.050.000,00 x 21,25% = R$223.125,00

A resposta à questão é, portanto, a alternativa "a".

02. (CESGRANRIO − TRANSPETRO/2011) Uma indústria produziu e comercializou 80.000 unidades. A contabilidade de custos da indústria ofereceu as seguintes informações, relativas exclusivamente às unidades comercializadas:

- Margem de contribuição: R$ 20,00.
- Custos e despesas fixas: R$ 1.008.000,00.

A margem de segurança dessa indústria na comercialização do produto é de:

a) 68,00%;
b) 63,00%;
c) 56,25%;
d) 43,75%;
e) 37,00%.

Resposta:

Para calcular a margem de segurança, utilizaremos, primeiramente, os dados fornecidos para calcular o ponto de equilíbrio contábil.

$$PEC = \frac{\text{Custos + Despesas fixas}}{\text{Margem de contribuição unitária}}$$

$$PEC = \frac{R\$ 1.008.000,00}{20} = 50.400 \text{ und}$$

A margem de contribuição representa o nível máximo que a receita pode cair antes de entrar na faixa de prejuízo. Se o ponto de equilíbrio (ponto no qual o lucro é zero) é de 50.400 unidades e a empresa vendeu 80.000, então, a margem de segurança, em unidades, é de:

$$MS = 80.000 - 50.400 = 29.600 \text{ und}$$

No entanto, a questão pede a margem de segurança em termos percentuais, a qual corresponde a:

$$MS = \frac{29.600 \text{ und}}{80.000 \text{ und}} \times 100 = 37\%$$

Isso nos fornece como resposta correta a alternativa "e".

3.4. ALAVANCAGEM OPERACIONAL

A alavancagem operacional se refere aos efeitos do uso dos custos fixos no lucro operacional da empresa. Ao aumentar os custos fixos, a empresa consegue ampliar os efeitos das vendas no lucro operacional, de modo que quanto maior os custos fixos, mais alavancada a empresa. Essa alavancagem é medida através do grau de alavancagem operacional (GAO), o qual pode ser obtido da seguinte forma:

$$GAO = \frac{\text{Margem de contribuição}}{\text{Margem de contribuição} - \text{Custos e despesas fixas}}$$

Embora o uso da alavancagem operacional seja um importante conceito gerencial, um maior grau de alavancagem representa um risco para as empresas que a utilizam, pois no caso de redução das vendas, a empresa terá que continuar a arcar com os custos fixos (os quais não serão reduzidos pela diminuição das vendas).

QUESTÕES RESOLVIDAS

01. (CFC – Exame de Suficiência 1/2002) Uma empresa apresentou em 31/12/2001 as informações gerenciais para o ano de 2002:

	Orçamento	%
Vendas	R$ 9.800.000,00	100
Custos variáveis	R$ 5.096.000,00	52
Margem de contribuição	R$ 4.704.000,00	48
Custos e despesas fixas	R$ 3.332.000,00	34
Lucro líquido	R$ 1.372.000,00	14

Considerando as informações acima, indique o grau de alavancagem operacional, a margem de segurança e o percentual da margem de segurança da previsão feita pela empresa:

a) 3,43; R$ 2.858.333,34; 29,17%.
b) 3,43; R$ 6.941.666,66; 70,83%.
c) 4,80; R$ 2.858.333,34; 48,00%.
d) 4,80; R$ 6.941.666,66; 70,83%.

Resposta:

Usando os dados fornecidos pela questão, iremos inicialmente calcular o grau de alavancagem operacional.

$$GAO = \frac{\text{Margem de contribuição}}{\text{Margem de contribuição} - \text{Custos e despesas fixas}}$$

$$GAO = \frac{4.704.000,00}{4.704.000,00 - 3.332.000,00} = 3,43$$

Como não temos informação sobre o número de unidades vendidas, para obter o a margem de segurança usaremos o modo alternativo de cálculo:

$$PEC = \frac{\text{Custos fixos} + \text{Despesas fixas}}{\text{\%Margem de contribuição}}$$

$$PEC = \frac{R\$ \ 3.332.000,00}{48\%} = R\$ \ 6.941.666,66$$

Margem de segurança (R$) = Receita − Receita no ponto de equilíbrio
= R$ 9.800.000,00 − R$ 6.941.666,66 = R$ 2.858.333,34

Ou

$$\text{Margem de segurança (\%)} = \frac{\text{Receita} - \text{Receita no ponto de equilíbrio}}{\text{Receita}} \times 100$$

$$MS\ (\%) = \frac{R\$ \ 2.858.333,34}{R\$ \ 9.800.000,00} \times 100 = 29,17\%$$

O grau de alavancagem operacional, a margem de segurança e o percentual da margem de segurança da previsão feita pela empresa corresponde a 3,43, R$ 2.858.333,34 e 29,17%, nesta ordem; o que corresponde à resposta apresentada pela alternativa "a".

02. (CFC – Exame de Suficiência 2/2003) A administração de uma empresa apresentou em 01.09.2003 as informações gerenciais para o ano de 2004. A alternativa CORRETA que indica o grau de alavancagem operacional, a margem de segurança e o percentual da margem de segurança da previsão feita pela empresa para a tomada de decisão sobre 2004 é:

ORÇAMENTO 2004

Vendas	R$ 45.000.000,00	100%
Custos variáveis	R$ 20.384.000,00	45%
Margem de contribuição	R$ 24.616.000,00	55%
Custos e despesas fixas	R$ 13.316.000,00	30%
Lucro líquido	R$ 11.300.000,00	25%

a) 2,18; R$ 20.789.090,91; 46,20%.
b) 2,18; R$ 24.210.909,09; 53,80%.
c) 3,98; R$ 44.386.666,67; 98,64%.
d) 3,98; R$ 24.616.000,00; 54,70%.

Resposta:

Esta questão é similar à questão 1 e por isso sua resolução tem o mesmo formato. Assim, o grau de alavancagem operacional corresponde a:

$$GAO = \frac{R\$\ 24.616.000,00}{R\$\ 24.616.000,00 - R\$\ 13.316.000,00} = 2,18$$

Para obter a margem de segurança em reais e em porcentagem, procedemos aos seguintes cálculos:

$$PEC = \frac{CDF}{MC\,(\%)} = \frac{R\$\ 13.316.000,00}{55\%} = R\$\ 24.210.909,09$$

$$MS = R\$\ 45.000.000,00 - R\$\ 24.210.909,09 = R\$\ 20.789.090,91$$

Ou,

$$MS\,(\%) = \frac{R\$\ 20.789.090,91}{R\$\ 45.000.000,00} \times 100 = 46,20\%$$

Após os cálculos, temos que a resposta correta corresponde à alternativa "a", a qual indica grau de alavancagem operacional, a margem de segurança e o percentual da margem de segurança de 2,18, R$ 24.210.909,09 e 46,20%, nesta ordem.

03. (CESGRANRIO – PETROBRÁS/2010) A estrutura de custos – proporções relativas de custos fixos e custos variáveis – exerce forte impacto sobre o lucro ao longo do tempo, por meio da alavancagem operacional. Nessa relação entre estrutura de custos, alavancagem operacional e variações do lucro operacional, quanto maior a proporção dos custos:

a) fixos, maior a alavancagem operacional e maior o impacto das variações nas vendas sobre o lucro;
b) fixos, maior a alavancagem operacional e menor o impacto das variações nas vendas sobre o lucro;
c) fixos, menor a alavancagem operacional e maior o impacto das variações nas vendas sobre o lucro;
d) variáveis, maior a alavancagem operacional e maior o impacto das variações nas vendas sobre o lucro;
e) variáveis, maior a alavancagem operacional e menor o impacto das variações nas vendas sobre o lucro.

Resposta:

A resposta para essa questão envolve o conceito de alavancagem operacional e a dinâmica que existe entre esta, os custos fixos e as variações do lucro. Quanto maior o uso de custos fixos maior a alavancagem operacional e quanto maior for esta, maior será o impacto do aumento das vendas sobre o lucro. Essa dinâmica é explicitada pela alternativa "a", a qual responde corretamente à questão.

capítulo · 4

Outros conceitos de custos utilizados pela contabilidade gerencial

4.1. CUSTO DE OPORTUNIDADE

O custo de oportunidade, apesar de se tratar de um tipo de custo, não é uma classificação de custo de produção, mas um conceito essencial ao processo de tomada de decisão. O custo de oportunidade é o custo no qual se incorre quando se escolhe uma alternativa em detrimento de outra ou, como afirma Martins (2003), é o quanto se deixou de ganhar por não se ter aplicado o valor em outra forma de investimento que estava ao alcance.

Um exemplo de custo de oportunidade é quando temos R$ 100.000,00 para investir e temos como alternativas investir em uma aplicação de renda fixa ou em uma de renda variável. Neste caso, o custo de oportunidade de investir em renda fixa é o rendimento que se deixará de ganhar com a aplicação de renda variável e vice-versa.

4.2. CUSTOS PERDIDOS (*SUNK COSTS*)

Os custos perdidos, ou afundados (como em sua tradução literal), são aqueles que já foram incorridos e que, como não podem mais ser alterados pelas decisões correntes, acabam se tornando irrelevantes para o processo decisório. Representam custos que não podem ser recuperados e, por isso, são conhecidos também como custos irrecuperáveis.

4.3. CUSTO DIFERENCIAL

O custo diferencial pode ser conceituado como aquele que resulta da escolha de determinado curso de ação. Quando estamos em um processo de tomada de decisão, nos deparamos com alternativas ou opções de curso de ação, as quais podem apresentar diferentes receitas e custos associados. A diferença de custos existente entre as alternativas é o que chamamos de custo diferencial.

Como exemplo, suponha que tenhamos a opção de divulgar um determinado produto por meio da veiculação de propaganda em mídia impressa a um custo de R$ 1,5 milhão, ou em mídia eletrônica, a um custo de R$ 3,5 milhões. Nesse caso, o custo diferencial a ser considerando para avaliar as alternativas seria de R$ 2,0 milhões.

4.4. CUSTOS IMPUTADOS

Os custos imputados são custos de caráter gerencial, ou como descreve Martins (2003), é um valor apropriado ao produto apenas para efeito interno e, por isso, não são contabilizados. Um exemplo desse tipo de custos seria o custo de oportunidade.

QUESTÕES RESOLVIDAS

01. (CESGRANRIO – INSS/2005) **Pode-se conceituar "custo de oportunidade" como o (a):**
 a) montante de custos aplicados em um produto cuja venda depende de uma oportunidade de mercado;
 b) custo despendido em processos produtivos eventuais ou cíclicos;
 c) valor correspondente ao conjunto de insumos aplicados sobre um produto;
 d) valor sacrificado em uma alternativa em detrimento de outra;
 e) diferença entre o custo total do produto e o seu custo marginal.

Resposta:

De acordo com o conceito de custo de oportunidade, este se relaciona ao processo decisório e, conforme mencionado na alternativa "d", corresponde ao "valor sacrificado em uma alternativa em detrimento de outra".

02. (UFPR – PREFEITURA MUNICIPAL DE ARAUCÁRIA/ 2010) Em relação a custos de oportunidade, considere as seguintes afirmativas:

I – Custos de oportunidade não devem ser incluídos como saída de caixa na elaboração do orçamento de capital.

II – Custos de oportunidade são fluxos de caixa que poderiam ser gerados na melhor utilização alternativa de um ativo que a empresa possui.

III – Custos de oportunidade representam fluxos de caixa que não serão realizados em outros projetos, em consequência da utilização do ativo no projeto proposto.

Assinale a alternativa correta.
a) Somente as afirmativas I e II são verdadeiras.
b) Somente a afirmativa II é verdadeira.
c) Somente as afirmativas II e III são verdadeiras.
d) Somente a afirmativa III é verdadeira.
e) As afirmativas I, II e III são verdadeiras.

Resposta:

A primeira afirmativa diz que os custos de oportunidade não devem ser incluídos na elaboração do orçamento de capital, o que é incorreto, pois, de acordo com a técnica de elaboração do orçamento de capital, para que se possa fazer uma análise adequada do fluxo incremental de caixa a ser gerado, é necessária a inclusão do custo de oportunidade como saída de caixa.

A segunda afirmativa conceitua como custo de oportunidade os fluxos de caixa que poderiam ser gerados na melhor utilização alternativa de um ativo que a empresa possui. Embora seja um conceito que utiliza uma linguagem financeira, ele encontra-se perfeitamente alinhado com o conceito geral de custo de oportunidade que foi apresentado, e por isso a afirmativa é correta.

Na terceira afirmativa, mais uma vez ocorre uma descrição alternativa dos custos de oportunidade ao relatá-los como fluxos de caixa que não serão realizados em outros projetos, em consequência da utilização do ativo no projeto proposto. Essa descrição é equivalente a afirmação de que o custo de oportunidade é o quanto se deixou de ganhar por não se ter aplicado o valor em outra forma de investimento que estava ao alcance. Isso torna a afirmativa correta.

Assim, ao analisar as três afirmativas, concluímos que a resposta correta é a alternativa "c", pois somente as afirmativas II e III são verdadeiras.

03. (ESAF – ANEEL/2006) Suponha que uma firma alugue um escritório durante um ano por R$ 6.000,00 pagos adiantados, compre móveis no valor de R$ 2.000,00 e faça uma pintura no escritório no valor de R$ 500,00. Após um ano, a firma encerra definitivamente suas atividades e vende os móveis por R$ 1.000,00. Nesse caso, qual o montante dos custos afundados (*sunk costs*) com os quais a empresa se defrontou no período?

a) R$ 7.500,00.
b) R$ 9.500,00.
c) R$ 8.500,00.
d) R$ 9.000,00.
e) R$ 8.000,00.

Resposta:

De acordo com o enunciado, no decorrer do ano a firma teria incorrido em custos totais de R$ 8.500,00 (R$ 6.000,00 + R$ 2.000,00 + R$ 500,00). Após 1 ano, teria encerrado definitivamente as suas atividades e conseguido vender os móveis por R$ 1.000,00. De acordo com o conceito dos *sunk costs*, estes se referem aos custos perdidos ou irrecuperáveis; e, como a empresa conseguiu recuperar R$ 1.000,00, o montante dos custos afundados (*sunk costs*) com os quais a empresa se defrontou no período foi de R$ 7.500,00 (R$ 8.500,00 – R$ 1.000,00). Dessa forma, a resposta correta para a questão é a alternativa "a".

04. (AOCP – CASAN/2009) A administração da "In the Cisa S.A." solicitou a opinião do técnico em contabilidade a fim de decidir se valia a pena continuar fabricando uma peça de um seu produto ou se seria melhor adquiri-la de um fornecedor externo. O preço desta peça é de R$ 469,12 e sua necessidade atual é de 5.009 unidades.

Informações complementares:

(1) Se as peças forem adquiridas de um fornecedor, as máquinas utilizadas atualmente para produzi-las poderão ser vendidas pelo valor contábil (valor de aquisição mais correções monetárias menos depreciações e correções).

(2) Além disso, com a adoção dessa medida, reduzir-se-ia a depreciação total da máquina em R$ 58.640,00 (valor contábil) e os seguros sobre máquinas em R$ 29.320,00.

Sua realidade presente é:

	Custos	
	Fabricação	Aquisição
Materiais	R$ 1.026.200,00	R$ 0,00
Valor das peças	R$ 0,00	R$ 2.349.822,00
Frete	R$ 0,00	R$ 5.009,00
Mão de obra direta	R$ 1.641.920,00	R$ 293.200,00
Mão de obra indireta	R$ 351.840,00 *	R$ 0,00
Consumo de energia elétrica	R$ 17.592,00	R$ 0,00
Outros custos	R$ 37.530,00	R$ 0,00
Soma	R$ 3.075.082,00	R$ 2.648.031,00
Depreciação total da máquina	R$ 58.640,00	R$ 0,00
Seguro sobre máquinas	R$ 29.320,00	R$ 0,00
Total	R$ 3.163.042,00	2.648.031,00

* Mão de obra indireta: adicional para recepção, inspeção, manuseio dos materiais etc. (inclusos encargos sociais).

Que decisão deve ser tomada? Com base em tais números, provavelmente deve-se decidir pela aquisição, em vez da fabricação.

Em relação aos dados constantes no texto acima, assinale a alternativa que identifica qual o tipo de conceito de custos utilizado em sua análise.

a) Custos diferenciais.
b) Custos de oportunidade.
c) Custos marginais.
d) Custos orçamentários.
e) Custos por absôrção.

Resposta:

A questão apresenta os custos relativos a dois cursos de ação diferentes: fabricar ou adquirir de terceiros. Dentre os conceitos de custos apresentados, um deles é utilizado especificamente quando estamos em um processo de tomada de decisão e nos deparamos com a diferença de custos existente entre duas alternativas: o conceito de custos diferenciais. Assim, a resposta correta para a questão é a alternativa "a".

capítulo · 5

Custeio baseado em atividades

O custeio baseado em atividades (*activity based costing* – ABC) é um método que foi desenvolvido através da tentativa de resolução dos problemas relativos à alocação de custos fixos e indiretos aos produtos e serviços. No entanto, sua principal contribuição para a contabilidade gerencial se dá no campo da gestão estratégica de custos.

Desde as primeiras manifestações teóricas sobre o assunto, o ABC evoluiu por meio do que se convencionou chamar de gerações do ABC. A primeira geração é caracterizada por concentrar-se principalmente na alocação de custos; a segunda, é caracterizada pela preocupação com a identificação dos processos com as atividades; e a terceira geração é caracterizada pela inserção da análise da agregação de valor das atividades.

Um conceito mais formal é apresentado por Garrison e Noreen (2001), para quem o custeio baseado em atividades apresenta-se como um método de custeio projetado para municiar os gerentes com informações de custo, voltadas para decisões estratégicas ou de outra natureza, as quais potencialmente afetem a capacidade e, por consequência, os custos fixos.

No entanto, para entender a mecânica de funcionamento do ABC, primeiramente faz-se necessário estabelecer o conceito de atividades. As atividades são utilizadas no ABC para possibilitar o rastreamento dos custos fixos, visando diminuir as possíveis arbitrariedades decorrentes de outros métodos de custeio. De acordo com Nakagawa (1995), a atividade é caracterizada por descrever basicamente a maneira como a empresa utiliza seu tempo e recursos no cumprimento da sua missão, objetivos e metas, e tem como principal objetivo converter recursos em produtos e serviços.

Outro conceito importante no custeio por atividades é o de direcionadores, pois é através destes que os custos serão alocados às atividades. É por meio dos direcionadores que se determina como as atividades consomem os custos e como os produtos consomem as atividades.

O sistema ABC é desenhado e implementado sob a premissa de que produtos consomem atividades, atividades consomem recursos e recursos consomem custos, de modo que o custeamento do produto obedece ao seguinte fluxo:

Custos ⟶ Recursos ⟶ Atividades ⟶ Produtos

Fluxo dos custos no ABC

Uma vez estabelecido o conceito de atividades e a estrutura do ABC, pode-se desenhar o caminho a ser percorrido para a sua implantação. Bem-Arieh e Quian (2003) descrevem essas etapas como as seguintes:

1. Identificação dos centros de custos.
2. Análise dos custos indiretos e cálculo das taxas dos seus direcionadores.
3. Identificação dos recursos a cada centro de custo e determinação das taxas dos direcionadores dos centros de custos.
4. Identificação das atividades.
5. Análise de cada atividade e cálculo do custo total de cada atividade.
6. Definição dos direcionadores de cada atividade e cálculo das taxas dos seus direcionadores.
7. Estimação dos custos de cada atividade, utilizando as taxas dos direcionadores de atividade.

A informação fornecida pelo sistema ABC pode determinar as seguintes situações: quais produtos são lucrativos, quais consumidores são mais valiosos, quais processos adicionam ou não valor e onde podem ser feitas melhorias.[4]

Em suma, O ABC pode ser uma ferramenta útil para algumas organizações, uma vez que reunem características suficientes para justificar a sua implantação. Portanto, a discussão não se concentra na eficácia ou não do custeio ABC, mas, sim, na percepção de que a sua utilização não deve ser vista como uma solução geral para todos os tipos de decisões em todos os tipos de organizações.

QUESTÕES RESOLVIDAS

01. (CFC – Exame de Suficiência 2/2011) As seguintes informações foram extraídas do departamento de escuderia de uma indústria, no mês de junho 2011, que utiliza o sistema de custeio ABC:

Produto	Materiais diretos	Mão de obra direta	Pedidos de alterações de engenharia	Quilowatt-hora
A	R$ 22.000,00	R$ 8.000,00	15	7.000W
B	R$ 28.000,00	R$ 12.000,00	25	13.000W
Total	R$ 50.000,00	R$ 20.000,00	40	20.000W

Foram identificadas as seguintes atividades relevantes:

Atividade	Direcionador de custo
Realizar engenharia	Pedidos de alterações de engenharia
Energizar	Quilowattt-hora

Os custos indiretos de manufatura para o mês foram:

Realizar engenharia	R$ 84.000,00

---

4. GUPTA, M; GALLOWAY, K., 2003.

Energizar	R$ 15.000,00
Total dos custos indiretos de manufatura	R$ 99.000,00

Com base nos dados apresentados, assinale a opção que apresenta o custo total do produto "A" e do produto "B", utilizando o método ABC, respectivamente:

a) R$ 66.750,00 e R$ 102.250,00.
b) R$ 69.600,00 e R$ 99.400,00.
c) R$ 72.429,00 e R$ 96.571,00.
d) R$ 73.560,00 e R$ 95.440,00.

Resposta:

No custeio por atividades, é o direcionador de custos que vai determinar o consumo das atividades pelos produtos, permitindo a alocação dos custos indiretos.

Distribuindo os custos das atividades, de forma proporcional, aplicando os direcionadores, temos:

- Atividade "realizar engenharia":

Produto	Pedidos de alterações de engenharia	Custo
A	15	R$ 31.500,00
B	25	R$ 52.500,00
Total	40	R$ 84.000,00

- Atividade "energizar":

Produto	Quilowatt-hora	Custo
A	7.000W	R$ 5.250,00
B	13.000W	R$ 9.750,00
Total	20.000W	R$ 15.000,00

- Custo total:

Produto	Materiais diretos	Mão de obra direta	Custo de realizar engenharia	Custo de energizar	Total
A	R$ 22.000,00	R$ 8.000,00	R$ 31.500,00	R$ 5.250,00	R$ 66.750,00
B	R$ 28.000,00	R$ 12.000,00	R$ 52.500,00	R$ 9.750,00	R$ 102.250,00
Total	R$ 50.000,00	R$ 20.000,00	R$ 84.000,00	R$ 15.000,00	R$ 169.000,00

Com o custo total dos produtos A e B de R$ 66.750,00 e R$ 102.250,00, respectivamente, a resposta correta para a questão é a alternativa "a".

02. (CESGRANRIO – Petrobrás/2011) A finalidade primordial para a qual se utiliza o custeio ABC – *Activity-Based Costing* (custeio baseado em atividades) refere-se à (ao):

a) alocação da mão de obra aos produtos;
b) identificação dos processos relevantes;
c) rastreamento dos custos diretos às atividades;
d) tratamento dado aos custos indiretos;
e) rateio dos custos fixos aos departamentos.

Resposta:

Como foi apresentado, o custeio baseado em atividades (*activity based costing* – ABC) foi um método desenvolvido na tentativa de resolução dos problemas relativos à alocação de custos fixos e indiretos aos produtos e serviços. Não é voltado ao tratamento dos custos diretos e nem mantém como foco principal os departamentos. E, embora a segunda geração do ABC tenha se caracterizado pela preocupação com a identificação dos processos com as atividades, o tratamento dado aos custos indiretos continuou sendo a sua finalidade primordial. Dessa forma, a alternativa "d" é a que responde corretamente à questão.

03. (FGV – SEFAZ RJ/2011) Determinada indústria possui três departamentos: X, Y e Z. Os gastos em cada um desses departamentos totalizam $ 2.000, $ 4.000 e $ 6.000, respectivamente. Sabe-se que, no depto. X, são consumidos 70% das horas de trabalho em função do produto A e 30% em função do produto B. O depto. Y, responsável pela cotação de preços de matéria-prima, consome 30% de seu tempo em função do produto A e 70% em função do produto B, conforme constatado por meio do número de cotações feitas por produto. O depto. Z presta serviços aos departamentos X e Y, e, com base nos serviços prestados a eles, constatou-se que o depto. X recebeu 150 atendimentos, enquanto o depto. Y recebeu 100 atendimentos.

Assinale a alternativa que apresente os custos a serem alocados aos produtos A e B, respectivamente, empregando o critério ABC (para rateio de custos indiretos) e considerando apenas as informações acima.

a) R$ 6.000 e R$ 6.000.
b) R$ 5.840 e R$ 6.160.
c) R$ 5.600 e R$ 6.400.
d) R$ 6.400 e R$ 5.600.
e) R$ 6.160 e R$ 5.840.

Resposta:

Para a resolução da questão, devemos inicialmente alocar os gastos do departamento Z aos departamentos X e Y.

	Departamentos				Total
	X	%	Y	%	
Atendimentos	150	60%	100	40%	250
Gasto ($)	3.600		2.400		6.000

Com a alocação dos gastos do departamento Z, os gastos dos departamentos X e Y passam a ser:

- X = 2.000 + 3.600 = 5.600.
- Y = 4.000 + 2.400 = 6.400.

Em seguida, podemos proceder à alocação dos custos aos produtos A e B, de acordo com o consumo das atividades dos departamentos X e Y.

Produtos	Departamentos				Total
	X		Y		
A	70%	3.920	30%	1.920	5.840
B	30%	1.680	70%	4.480	6.160
Total	100%	5.600	100%	6.400	12.000

Após esse procedimento, observamos que os custos a serem alocados aos produtos A e B são R$ 5.840 e R$ 6.160, nesta ordem. Isto nos fornece como resposta correta a alternativa "b".

capítulo · 6

Formação do preço de venda

A correta formação do preço de venda se apresenta como um verdadeiro desafio para os gerentes, pois além de exigir conhecimento sobre custos, requer que se saiba informações sobre o mercado no qual a empresa está inserida. O papel exercido pelos custos na formação do preço de venda é descrito pelo professor Eliseu Martins (2003). Para ele, a informação sobre os custos, embora necessária, não é por si só suficiente. É necessário também informações sobre o grau de elasticidade da demanda, os preços praticados pelos concorrentes, os preços dos produtos substitutos, estratégia de *marketing*, entre outras.

A formação incorreta dos preços de venda impacta diretamente na receita e, consequentemente, no lucro. Se superestimados, os preços podem acabar prejudicando o volume de vendas da empresa, provocando uma redução das receitas e afetando o lucro. Se subestimados, os preços podem acabar prejudicando a geração de receita suficiente para proporcionar a lucratividade necessária à recuperação dos investimentos realizados nos ativos e a remuneração exigida pelos proprietários/acionistas.

A formação do preço de venda pode ser orientada tanto pelos custos quanto pelo mercado. Quando estabelecemos o preço utilizando como base os custos (quer sejam os custos pleno, marginal ou padrão), podemos utilizar um conceito conhecido como *mark-up*. Este pode ser conceituado como um fator aplicado sobre o custo do produto para determinar o preço, podendo ser um *mark-up* multiplicador ou um *mark-up* divisor.

$$\text{mark-up divisor} = \frac{100\% - (\% \text{ despesas} + \% \text{ lucro desejado})}{100}$$

$$\text{mark-up multiplicador} = \frac{1}{\text{mark-up divisor}}$$

O preço também pode ser determinado com base no retorno sobre o investimento. Neste caso, além dos custos é considerado também o percentual de retorno desejado para o capital investido pelos acionistas.

QUESTÕES RESOLVIDAS

01. (UFF/2008) A empresa Geral Ltda. opera com a seguinte estrutura de despesas como porcentagens das vendas: ICMS da venda, 18%; PIS/COFINS, 4,65%; comissões, 2,50%; despesas administrativas, 6%. A empresa deseja um LAIR de 20%. Nesse caso, o multiplicador de mark-up que deverá ser praticado é:

a) 0,4885.
b) 0,515.
c) 2,0470829.
d) 3,0470829.
e) 104%.

Resposta:

Para determinar o *mark-up* multiplicador a ser praticado, devemos aplicar a seguinte fórmula:

$$\text{mark-up multiplicador} = \frac{1}{\text{mark-up divisor}}$$

Contudo, para que possamos efetuar o cálculo é preciso encontrar primeiro o mark-up divisor, que é feito através da seguinte fórmula:

$$\text{mark-up divisor} = \frac{100\% - (\% \text{ despesas} + \% \text{ lucro desejado})}{100}$$

$$\text{mark-up divisor} = \frac{100\% - (18\% + 4,65\% + 2,50\% + 6\% + 20\%)}{100} = 0,4885$$

Após encontrar o *mark-up* divisor, podemos proceder ao cálculo do *mark-up* multiplicador.

$$\text{mark-up multiplicador} = \frac{1}{0,4885} = 2,0470829$$

Como pode ser observado, o *mark-up* multiplicador que deverá ser praticado pela empresa Geral Ltda é de 2,0470829, o que corresponde à alternativa "c".

02. (UFF/2008) Uma empresa, que produz o produto Alfa e procura estabelecer seus preços com base no retorno sobre os investimentos, apresenta as seguintes informações:

Custos de matéria-prima e mão de obra	R$ 2,50
Despesas variáveis	R$ 2,00
Custos fixos identificáveis	R$ 1,20
Rateio dos custos fixos	R$ 0,80
Volume de vendas (unidades)	1000
Lucro desejado sobre capital investido	35%
Capital investido	R$ 10.000,00

Nessas condições o preço de venda unitário de Alfa será:
a) R$ 8,90.
b) R$ 10,00.
c) R$ 10,50.
d) R$ 10,70.
e) R$ 12,50.

Resposta:

Para solucionar a questão, devemos inicialmente identificar o total dos custos e despesas do produto. Estes totalizam o seguinte valor:

Custos de matéria-prima e mão de obra	R$ 2,50
Despesas variáveis	R$ 2,00
Custos fixos identificáveis	R$ 1,20
Rateio dos custos fixos	R$ 0,80
Total	R$ 6,50

Os custos totalizam R$ 6,50. Mas, além de ser suficiente para cobrir os custos, o preço de venda também deve cobrir um retorno desejado de 35% sobre o investimento. Como o capital investido foi de R$ 10.000,00, espera-se um retorno de R$ 3,50 por unidade (R$ 3.500/1.000 unidades).

Assim, o preço de venda unitário de Alfa, numa política de estabelecimento dos preços com base no retorno sobre os investimentos, será de R$ 10,00 (R$ 6,50 + R$ 3,50). Portanto, a resposta correta para a questão é a alternativa "b".

capítulo · 7

Custo-padrão

O custo-padrão surge da necessidade de os gestores planejarem o resultado, o que envolve, consequentemente, o planejamento dos custos. Surge também da necessidade de controle, pois através da utilização do custo-padrão os gestores podem verificar se os níveis de custos estão alinhados com o que foi estabelecido durante o planejamento, bem como analisar as variações, o que permite medir o desempenho.

Dutra (1995) conceitua o custo-padrão como uma pré-determinação dos componentes do produto, em quantidade e valor, construído com a utilização de dados de várias fontes, e válida para determinado espaço de tempo. Como não se trata de um método de custeamento de produto/serviço, a utilização do custo-padrão acaba sendo compatível com qualquer método de custeio adotado pela empresa.

Comparando os custos realizados com os padrões, podemos observar as variações ocorridas. E, como o custo padrão é formado por dois elementos, a quantidade e o preço, essas variações podem se apresentar de quatro maneiras diferentes:

- **Variação de quantidade:** ocorre quando a quantidade de insumos ou materiais incorridos é diferente daquela que foi estabelecida como padrão. Quando a quantidade padrão é maior do que a quantidade real, significa que houve uma economia, e isso é favorável para a empresa. Quando a quantidade real é maior do que a quantidade estabelecida como padrão significa que houve um gasto maior do que o desejado, e por isso temos uma variação desfavorável para a empresa.

- **Variação de preço:** ocorre quando o preço dos insumos ou materiais é diferente daquele que foi estabelecido como padrão. De forma análoga ao que ocorre nas variações na quantidade, quando o preço padrão é maior do que o preço real a variação é considerada favorável, pois significa uma economia. Mas, quando o preço real é maior do que o preço padrão, temos uma variação desfavorável para a empresa, pois significa que houve um gasto maior do que o desejado.
- **Variação mista:** ocorre quando tanto a quantidade quanto o preço são variáveis.

Um exemplo da ocorrência de variações quando se usa o custo-padrão pode ser a suposição de uma empresa que tem, em um determinado mês, um padrão de consumo de matéria-prima no montante de 2,0 kg por unidade, a um custo de R$ 40,00/kg, e um custo-padrão de consumo de mão de obra de 1h por unidade, a um custo de R$ 8,00/h. No entanto, ela constata que o consumo real foi de 1,5kg de matéria-prima por unidade, a um custo de R$ 40,00, e de 1h de mão de obra, a um custo de R$ 8,50.

	Matéria-prima		Mão de obra	
	Quantidade	Valor unitário	Quantidade	Valor unitário
Padrão	2,0 kg	R$ 40,00/und	1h	R$ 8,00
Real	1,5 kg	R$ 40,00/und	1h	R$ 8,50
Variação	0,5 kg	0,0	0,0	R$ 0,50

No caso da matéria-prima, observamos que houve uma *variação de quantidade* favorável para a empresa, pois ela usou uma quantidade de matéria-prima menor que a estabelecida como padrão. Já no caso da mão de obra, podemos observar uma *variação de preço* desfavorável para a empresa, pois o valor gasto com a matéria-prima foi maior do que aquele estabelecido como padrão.

Para que o custo-padrão possa ser usado no processo de medição de desempenho é essencial que os padrões estabelecidos sejam factíveis, o que torna importante a escolha dos critérios utilizados para a determinação desses padrões. Os padrões podem ser de dois tipos: ideais – construídos considerando condições ideais de produção; e correntes, que consideram circunstâncias e condições específicas de produção. Este último apresenta-se como o tipo geralmente adotado pelas empresas.

As vantagens da utilização do custo padrão podem ser resumidas na melhoria do controle dos custos e no auxílio fornecido aos gestores no processo de planejamento e tomada de decisão. No entanto, se os padrões não forem estabelecidos de forma adequada, eles podem gerar distorções informacionais, principalmente quando usados para medição de desempenho.

QUESTÕES RESOLVIDAS

01. (FCC – SEFAZ SP/2009) A grande finalidade do custo-padrão é:

a) o planejamento e controle de custos;
b) a gestão de preços;
c) o atendimento às normas contábeis brasileiras;
d) a rentabilidade de produtos;
e) o retorno do investimento.

Resposta:
A questão faz referência ao conceito de custo padrão, o qual, conforme vimos na exposição teórica, tem como principal finalidade o planejamento e controle de custos.

02. (CFC – Exame de Suficiência 2/2002) Uma empresa orçou para o mês de agosto o gasto de 20 toneladas de matéria-prima, a um custo de R$ 600,00 cada, para produzir uma unidade de determinado produto. Ao final de agosto, constatou que, embora tivesse economizado 10% no preço do material, havia um gasto de 10% a mais de material que o orçado. A variação desses custos levaram a empresa a ter:

a) um Custo Real de R$ 12.120,00, apresentando assim um comprometimento de R$ 120,00 em relação ao Custo Padrão para ser investido em outras operações na empresa;
b) um Custo Padrão de R$ 11.880,00, apresentando assim uma sobra de R$ 120,00 em relação ao Custo Real para ser investido em outras operações na empresa;
c) um Custo Real de R$ 11.880,00, apresentando assim uma sobra de R$ 120,00 em relação ao Custo Padrão para ser investido em outras operações na empresa;
d) um Custo Padrão de R$ 12.120,00, apresentando assim um comprometimento de R$ 120,00 em relação ao Custo Real para ser investido em outras operações da empresa.

Resposta:

O orçamento da empresa para a matéria-prima no mês de agosto corresponde a:

	Quantidade	Valor unitário	Valor total
Orçado	20 ton	R$ 600,00/ton	R$ 12.000,00

A economia de 10% no preço e o gasto adicional de 10% de material resultou nos seguintes valores realizados:

	Quantidade	Valor unitário	Valor total
Real	22 ton	R$ 540,00/ton	R$ 11.880,00

Após confrontar os valores orçados com os realizados, obtemos as seguintes variações:

	Quantidade	Valor unitário	Valor total
Orçado	20 ton	R$ 600,00/ton	R$ 12.000,00
Real	22 ton	R$ 540,00/ton	R$ 11.880,00
Variação	+ 2 ton	- R$ 60/ton	- R$ 120,00

Como demonstrado, a empresa teve um custo real de R$ 11.880,00, o que representou uma economia de R$ 120,00, conforme descrito pela alternativa "c".

03. (CFC – Exame de Suficiência II/2001) Uma empresa previu que gastaria 15 quilos de matéria-prima, a um custo de R$ 45.000,00 o quilo, para produzir uma unidade de determinado produto. Ao final do período, constatou que, embora tivesse economizado 20% no preço do material, havia um gasto de 20% a mais de material que o previsto. A variação do custo padrão da empresa é:

a) desfavorável em R$ 45.000,00;
b) desfavorável em R$ 27.000,00;
c) favorável em R$ 27.000,00;
d) favorável em R$ 45.000,00.

Resposta:

A previsão da empresa para a matéria-prima estabeleceu os seguintes valores:

	Quantidade	Valor unitário	Valor total
Orçado	15 kg	R$ 45.000,00/kg	R$ 675.000,00

No entanto, a economia de 20% no preço do material, e o gasto de 20% a mais de material resultou nos seguintes valores realizados:

	Quantidade	Valor unitário	Valor total
Realizado	18 kg	R$ 36.000,00/kg	R$ 648.000,00

Confrontando os valores orçados com os realizados, obtemos as seguintes variações:

	Quantidade	Valor unitário	Valor total
Orçado	15 kg	R$ 45.000,00/kg	R$ 675.000,00
Realizado	18 kg	R$ 36.000,00/kg	R$ 648.000,00
Variação	+ 3 kg	- R$ 9.000,00/kg	- R$ 27.000,00

Observando as variações ocorridas, percebemos que a empresa obteve uma economia no valor total da matéria-prima, representada por uma variação favorável de R$ 27.000,00 em relação ao custo padrão. Com isso, temos como resposta correta a alternativa "c".

04. (FCC – TJ PA/2009) Em relação ao custo-padrão, considere:

I – O custo-padrão é um custo predeterminado.

II – O custo-padrão corrente considera algumas ineficiências que a entidade julga não poder saná-las.

III – Do ponto de vista gerencial, as diferenças verificadas entre custo real e padrão devem ser analisadas e, se necessário, o custo-padrão deve ser ajustado.

IV – Um produto deve deixar de ser produzido quando o custo-padrão não for atendido.

V – O custo-padrão não pode ser utilizado para a avaliação de desempenho.

É correto o que se afirma APENAS em:

a) I, II e III.
b) I, III e IV.
c) II, III e IV.
d) I, III e V.
e) III, IV e V.

Resposta:

A afirmativa I diz que o custo-padrão é um custo pré-determinado, o que é correto. Ele reflete uma meta de custos a ser atingida pela empresa, e por isso são determinados previamente.

Na afirmativa II é dito que o custo-padrão corrente considera algumas ineficiências que a entidade julga não poder saná-las. Vimos na apresentação teórica que os custos correntes consideram circunstâncias e condições específicas de produção. Estas podem incluir também as ineficiências existentes, o que torna a afirmativa correta.

De acordo com a afirmativa III, do ponto de vista gerencial, as diferenças verificadas entre custo real e padrão devem ser analisadas e o custo-padrão deve ser ajustado, caso seja necessário. O custo-padrão, embora seja pré-determinado não deve ser visto como imutável. Quando há o confronto entre o custo-padrão e o real, a análise das variações pode representar uma oportunidade de rever os padrões, bem como os parâmetros usados para construí-los. Por isso, a afirmativa encontra-se correta.

A afirmativa IV diz que um produto deve deixar de ser produzido quando o custo-padrão não for atendido, o que é incorreto. O custo-padrão é determinado com base em estimativas, as quais podem sofrer influências de circunstâncias internas ou externas à empresa (por exemplo, circunstâncias de mercado). Quando o custo-padrão não for atendido, os gestores devem primeiramente analisar as causas das variações e observar a natureza destas.

Na afirmativa V, temos que o custo-padrão não pode ser utilizado para avaliação de desempenho, o que é incorreto; pois uma de suas principais finalidades é servir como instrumento de controle, permitindo a mensuração e a avaliação do desempenho.

Após a análise das afirmativas, concluímos que as afirmativas I, II e III encontram-se corretas. Estas afirmativas são apresentadas na opção "a".

05. (FCC – SEFIN RO/2010) A empresa Utilidades é produtora de vasilhas plásticas. Para sua linha de baldes de 10 litros, foi estabelecido um padrão de consumo de 600 gramas de matéria-prima a um preço de R$ 3,00/Kg para cada unidade de balde produzida. Em determinado mês, apurou-se que, para cada balde foram usados 650 gramas de matéria-prima a um preço de R$ 2,80 cada quilo. Na comparação entre padrão e real, a empresa apura três tipos de variações: quantidade, preço e mista. Sendo assim, pode-se afirmar que a variação de quantidade da matéria-prima, em reais, foi:

a) 0,15 desfavorável;
b) 0,14 favorável;
c) 0,14 desfavorável;

d) 0,12 favorável;
e) 0,01 favorável.

Resposta:

Para responder à questão, precisamos confrontar o valor estabelecido como padrão com o valor real, de modo a obter a variação. Isto pode ser visualizado na tabela abaixo:

	Quantidade
Orçado	600 g
Realizado	650 g
Variação	+ 50 g

Como a variação da matéria prima foi de 50g para mais, esta foi desfavorável para a empresa. A questão pede a variação da quantidade da matéria-prima em reais e, por isso, precisamos multiplicar a quantidade pelo preço orçado. O valor de R$ 3,00/kg, corresponde à R$ 0,003/g, o que resulta na seguinte variação da quantidade da matéria-prima em reais:

Variação = 50g x R$ 0,003/g = R$ 0,15

Assim, a resposta é uma variação desfavorável de R$ 0,15, o que corresponde à alternativa "a".

Parte 2
Análise das
demonstrações
contábeis

capítulo · 8

Análise vertical e horizontal

A análise das demonstrações contábeis tem como objetivo contribuir na obtenção de informações acerca da saúde financeira das entidades. Essas informações podem ser utilizadas pelos diversos usuários que se relacionam com a entidade, por exemplo, investidores, credores, governo e gestores.

Vários conceitos e técnicas podem ser usados no processo de análise das demonstrações contábeis, dentre os quais selecionamos cinco: análise vertical e horizontal; análise através dos índices; análise dos ciclos operacional, financeiro e econômico; e análise do capital de giro, compreendendo o conceito de capital circulante líquido e análise da necessidade de capital de giro.

Uma das formas de se analisar as demonstrações contábeis é observando o comportamento das contas que compõem a demonstração a ser analisada. Para isso, utiliza-se a análise vertical e horizontal.

Na análise vertical, os itens são analisados em relação a uma determinada conta, de forma a observar a sua participação percentual no valor tomado como referência. No caso do balanço patrimonial, normalmente as contas são analisadas em relação ao ativo ou passivo total, enquanto na demonstração do resultado do exercício o valor tomado como referência é aquele correspondente à receita operacional líquida. Um exemplo de análise vertical é apresentado a seguir:

CIA. EXPLICANDO S/A
BALANÇO PATRIMONIAL

	31/12/2010	AV	31/12/2009	AV
ATIVO				
CIRCULANTE				
Disponibilidades	960	7,3	575	4,3
Estoques	2.130	16,3	1890	14,2
Impostos a recuperar	670	5,2	775	5,8
Total do circulante	3.760	28,8	3.240	24,3
NÃO CIRCULANTE				
Realizável a longo prazo	807	6,1	950	7,1
Investimentos	3.500	26,8	4.100	30,8
Imobilizado	2.100	16,1	2.300	17,2
Intangível	2.900	22,2	2.750	20,6
Total do ativo não circulante	9.307	71,2	10.100	75,7
TOTAL DO ATIVO	13.067	**100,0**	13.340	**100,0**

	31/12/2010	AV	31/12/2009	AV
PASSIVO e PL				
CIRCULANTE				
Fornecedores	800	6,1	845	6,3
Salários e encargos	1.960	15,0	2.120	15,9
Total do circulante	2.760	21,1	2.965	22,2
NÃO CIRCULANTE				
Empréstimos e financiamentos	3.507	26,8	4.400	33,0
Total do passivo não circulante	3.507	26,8	4.400	33,0
PATRIMÔNIO LÍQUIDO				
Capital	5.100	39,1	5.100	38,2
Reserva de lucros	1.700	13,0	875	6,6
TOTAL DO PASSIVO e PL	13.067	**100,0**	13.340	**100,0**

CIA. EXPLICANDO S/A
DEMONSTRAÇÃO DO RESULTADO DO EXERCÍCIO

	31/12/2010	AV	31/12/2009	AV
RECEITA OPERACIONAL BRUTA	26.700		25.200	

	31/12/2010	AV	31/12/2009	AV
(-) Deduções da receita	(9.300)		(8.140)	
RECEITA OPERACIONAL LÍQUIDA	17.400	100,0	17.060	100,0
(-) Custo das mercadorias	(8.300)	48,6	(8.260)	48,4
LUCRO BRUTO	9.100	53,3	8.800	51,6
(-) Despesas com vendas	(2.100)	12,3	(2.400)	14,1
(-) Despesas administrativas	(4.200)	24,6	(4.100)	24,0
(+) Receitas (despesas) financeiras líquidas	(1.200)	7,0	(1.100)	6,4
LUCRO (PREJUÍZO) OPERACIONAL	1.600	9,4	1.200	7,0
(+) Receitas (despesas) não operacionais	(415)	2,4	(80)	0,5
LUCRO ANTES DO IMPOSTO DE RENDA	1.185	6,9	1.120	6,6
(-) Imposto de Renda e Contribuição Social	(360)	2,1	(340)	2,0
LUCRO LÍQUIDO DO EXERCÍCIO	825	4,8	780	4,6
Quantidade de ações	5.100		5.100	
LUCRO/PREJUÍZO POR AÇÃO	0,16		0,15	

A análise horizontal tem como objetivo a observação do comportamento dos itens apresentados nas demonstrações contábeis sob uma perspectiva temporal, podendo ser tomada como base tanto o período imediatamente anterior quanto um período específico. Utilizando as mesmas demonstrações utilizadas no exemplo de análise vertical, tem-se o seguinte exemplo de análise horizontal:

CIA. EXPLICANDO S/A

BALANÇO PATRIMONIAL

	31/12/2010	AH	31/12/2009	AH
ATIVO				
CIRCULANTE				
Disponibilidades	960	100	575	60,0
Estoques	2.130	100	1890	88,7
Impostos a recuperar	670	100	775	115,7
Total do circulante	3.760	100	3.240	86,2
NÃO CIRCULANTE				
Realizável a longo prazo	807	100	950	117,7
Investimentos	3.500	100	4.100	117,1

	31/12/2010	AH	31/12/2009	AH
ATIVO				
Imobilizado	2.100	100	2.300	109,5
Intangível	2.900	100	2.750	94,8
Total do ativo não circulante	9.307	100	10.100	108,5
TOTAL DO ATIVO	13.067	100	13.340	102,1
PASSIVO				
CIRCULANTE				
Fornecedores	800	100	845	105,6
Salários e encargos	1.960	100	2.120	108,2
Total do circulante	2.760	100	2.965	107,4
NÃO CIRCULANTE				
Empréstimos e financiamentos	3.507	100	4.400	125,5
Total do passivo não circulante	3.507	100	4.400	125,5
PATRIMÔNIO LÍQUIDO		•		
Capital	5.100	100	5.100	100
Reserva de lucros	1.700	100	875	51,5
TOTAL DO PASSIVO	13.067	100	13.340	102,1

CIA. EXPLICANDO S/A

DEMONSTRAÇÃO DO RESULTADO DO EXERCÍCIO

	31/12/2010	AH	31/12/2009	AH
RECEITA OPERACIONAL BRUTA	26.700		25.200	
(-) Deduções da receita	(9.300)		(8.140)	
RECEITA OPERACIONAL LÍQUIDA	17.400	100	17.060	98,0
(-) Custo das mercadorias	(8.300)	100	(8.260)	99,5
LUCRO BRUTO	9.100	100	8.800	96,7
(-) Despesas com vendas	(2.100)	100	(2.400)	114,3
(-) Despesas administrativas	(4.200)	100	(4.100)	97,6
(+) Receitas (despesas) financeiras líquidas	(1.200)	100	(1.100)	91,7
LUCRO (PREJUÍZO) OPERACIONAL	1.600	100	1.200	75,0
(+) Receitas (despesas) não operacionais	(415)	100	(80)	19,3
LUCRO ANTES DO IMPOSTO DE RENDA	1.185	100	1.120	94,5
(-) Imposto de Renda e Contribuição Social	(360)	100	(340)	94,4

	31/12/2010	AH	31/12/2009	AH
LUCRO LÍQUIDO DO EXERCÍCIO	825	100	780	94,5
Quantidade de asções	5.100	100	5.100	100
LUCRO/PREJUÍZO POR AÇÃO	0,16	100	0,15	93,7

QUESTÕES RESOLVIDAS

01. (UFMG/2010) Considere as afirmativas a seguir:

I – A análise horizontal mostra a importância de cada conta em relação à demonstração financeira a que pertence e, através da comparação com padrões de outras empresas do mesmo seguimento ou com percentuais da própria empresa em anos anteriores, permitir identificar se há itens fora das proporções normais.

II – A análise vertical atinge seu ponto máximo de utilidade, quando aplicada à demonstração do resultado. Toda a atividade de uma empresa gira em torno das vendas. São elas que devem determinar o que a empresa pode consumir de cada item de despesa.

III – No balanço patrimonial, podemos usar tanto a análise vertical quanto a horizontal. Usando-se a análise vertical, podemos conhecer a estrutura dos recursos aplicados no ativo (bens e direitos), bem como as fontes dos recursos (passivo e patrimônio líquido). Adicionalmente, se utilizarmos a análise horizontal, teremos a evolução de cada item em relação ao primeiro ano da série utilizada para a análise.

Com base nas afirmativas, é CORRETO afirmar que:

a) Apenas I e II são verdadeiras.
b) Apenas I e III são verdadeiras.
c) Apenas II e III são verdadeiras.
d) I, II e III são verdadeiras.

Resposta:

De acordo com a afirmativa I, a análise horizontal "mostra a importância de cada conta em relação à demonstração financeira a que pertence". No entanto, a análise horizontal é caracterizada por mostrar a evolução das contas ou grupos de contas sob a perspectiva temporal, em relação a um determinado ano-base. Isto torna a afirmação I *falsa*.

Na afirmativa II temos que a "análise vertical atinge seu ponto máximo de utilidade, quando aplicada à demonstração do resultado", pois como toda a atividade de uma empresa gira em torno das vendas, estas se tornam determinantes para o estabelecimento do que pode ser consumido em cada item de despesa. A afirmativa é *verdadeira*; ao estabelecer como valor-base na demonstração de resultado as vendas líquidas, a análise permite observar o percentual de cada item de despesa em relação a estas, o que pode auxiliar na determinação dos níveis de consumo das despesas.

A afirmativa III menciona que no "balanço patrimonial podemos usar tanto a análise vertical quanto a horizontal". Pela análise vertical, poderíamos conhecer a estrutura dos recursos aplicados no ativo e as fontes dos recursos, enquanto pela análise horizontal poderíamos observar a evolução de cada item em relação ao primeiro ano da série utilizada para a análise. A afirmativa descreve adequadamente a análise horizontal e vertical, o que a torna *verdadeira*.

Em resumo, as afirmativas II e III são verdadeiras, de modo que a resposta correta é a alternativa "c".

02. (CESGRANRIO – BNDES/2009) A Cia. Manhattan S/A apresentou os seguintes demonstrativos, com valores em reais:

	2006	2007
Receita bruta	27.700.000,00	35.000.000,00
Deduções da receita bruta	(4.450.000,00)	(5.700.000,00)
Receita líquida	23.250.000,00	29.300.000,00
CMV	(14.650.000,00)	(17.500.000,00)
Lucro bruto	8.600.000,00	11.800.000,00
Despesas de vendas	(1.256.000,00)	(2.630.000,00)
Despesas administrativas	(4.270.000,00)	(5.960.000,00)

	2006	2007
Despesas financeiras	(2.950.000,00)	(3.200.000,00)
Resultado avaliado ao MEP	37.000,00	80.000,00
Lucro operacional	161.000,00	90.000,00
Resultado Não Operacional	(31.000,00)	(35.000,00)
LAIR	130.000,00	55.000,00
Provisão IR e CSL	(32.500,00)	(13.750.00)
Lucro líquido	97.500,00	41.250,00

Com base exclusivamente nos dados acima, o percentual de variação do lucro líquido (análise horizontal) do exercício de 2007, em relação a 2006, foi de:

a) 42,31.
b) 36,36.
c) (53,64).
d) (56,97).
e) (57,69).

Resposta:

Como o ano a ser tomado como base é 2006, temos:

	2006	AH%	2007	AH%	Δ%
Lucro líquido	97.500,00	100	41.250,00	42,31	(57,69)

O valor da variação percentual é de (57,69), o que corresponde à alternativa "e".

03. (FCC – TRT MT/2011) Foram extraídas as seguintes informações do balanço atrimonial de 31-12-2010 da Cia. Hortênsias (em R$):

Patrimônio líquido	488.000,00
Ativo circulante	520.000,00

Ativo não circulante	680.000,00
Passivo não circulante	270.000,00

Calculado o valor do passivo circulante e efetuada a análise vertical e por indicadores do balanço patrimonial da companhia, esse grupo representou:

a) quase 37% do valor do ativo total da companhia;
b) 85% do valor do ativo não circulante da companhia;
c) 65% do valor do ativo circulante da companhia;
d) aproximadamente 75% do passivo não circulante da companhia;
e) cerca de 110% do patrimônio líquido da companhia.

Resposta:

O primeiro passo para resolver a questão é calcular o valor do passivo circulante:

- Ativo total = passivo total + patrimônio líquido
- Ativo circulante + ativo não circulante = passivo circulante + passivo não circulante + patrimônio líquido
- 520.000,00 + 680.000,00 = passivo circulante + 270.000,00 + 488.000,00
- Passivo circulante = 442.000,00

Analisando cada uma das alternativas, temos:

Em relação ao ativo total:

$$\frac{\text{Passivo circulante}}{\text{Ativo Total}} = \frac{442.000,00}{(520.000,00 + 680.000,00)} = 0,3683 \text{ ou } 36,83\%$$

Em relação ao ativo não circulante:

$$\frac{\text{Passivo circulante}}{\text{Ativo não circulante}} = \frac{442.000,00}{680.000,00} = 0,6500 \text{ ou } 65,00\%$$

Em relação ao ativo circulante:

$$\frac{\text{Passivo circulante}}{\text{Ativo circulante}} = \frac{442.000,00}{520.000,00} = 0,8500 \text{ ou } 85,00\%$$

Em relação ao passivo não circulante:

$$\frac{\text{Passivo circulante}}{\text{Passivo não circulante}} = \frac{442.000,00}{270.000,00} = 1,6370 \text{ ou } 163,70\%$$

Em relação ao patrimônio líquido:

$$\frac{\text{Passivo circulante}}{\text{Patrimônio líquido}} = \frac{442.000,00}{488.000,00} = 0,9057 \text{ ou } 90,57\%$$

Analisando os valores calculados, observamos que a resposta correta é a alternativa "a".

04. (CESGRANRIO – INSS/2005) Se a conta Bancos c/ Movimento de uma empresa apresentou um saldo de R$ 250.000,00 em 2002 e de R$ 185.000,00 em 2003, pode-se afirmar que na(s) análise(s):

a) horizontal verificou-se uma redução de 26,0% de 2002 para 2003;
b) horizontal de 2003 foi apurada uma participação de 35,1%;
c) vertical de 2003 foi apurada uma participação de 35,1%;
d) vertical verificou-se uma redução de 26,0% de 2002 para 2003;
e) vertical e horizontal verificou-se um aumento de 35,1% de 2002 para 2003.

Resposta:

A questão apresenta os saldos de uma mesma conta em dois anos consecutivos, o que remete à uma análise de comportamento temporal e, por isso, trata-se de uma análise horizontal. Os saldos das contas em 2002 e 2003 revelam que houve uma redução de R$ 250.000,00 para R$ 185.000,00 nesse período, que em termos percentuais equivale à uma redução de 26%, conforme afirma a alternativa "a".

capítulo · 9

A análise através dos índices

A análise através dos índices (ou indicadores) tem como objetivo principal oferecer ao analista um panorama da situação financeiro-patrimonial da empresa por meio da observação da relação entre as contas que compõem as demonstrações contábeis, sejam estas patrimoniais ou de resultado. Dentre as informações que podem ser obtidas através dos índices podemos citar as que versam sobre a capacidade de pagamento da empresa, a quantidade e a qualidade das dívidas, os níveis de lucratividade, a dinâmica entre os prazos de pagamento e recebimento, entre outras.

Como são indicadores, a análise deve ser realizada em conjunto com outras informações e seu uso deve ser associado ao de outras técnicas de análise das demonstrações contábeis, de modo a permitir conclusões mais acertadas. Nesse contexto, torna-se importante comparar os índices da empresa sob análise com o de outras empresas que reúnam características similares (atividade, região, porte...) para que se estabeleça um parâmetro para avaliação.

Os índices utilizados na análise das demonstrações contábeis são geralmente agrupados em quatro categorias: liquidez, estrutura ou endividamento, rentabilidade e rotatividade. Cada uma delas fornece uma perspectiva específica na análise, as quais serão apresentadas a seguir.

9.1. ÍNDICES DE LIQUIDEZ

O cálculo dos índices de liquidez utiliza os dados contidos no balanço patrimonial, relacionando os itens que compõem o ativo com aqueles que compõem o passivo, de modo a observar a capacidade da empresa de honrar as suas obrigações. Podemos observar quatro tipos de índices de liquidez, com cada um deles oferecendo uma perspectiva diferente da capacidade de pagamento da empresa; são eles: liquidez geral, liquidez corrente, liquidez seca e liquidez imediata.

A análise geral que se adota para os índices de liquidez é a de que "quanto maior, melhor". É desejável que os índices de liquidez sejam superiores a 1, o que indicaria uma folga financeira da empresa, mas em determinadas circunstâncias podemos encontrar empresas com índices menores do que 1, sem que isso signifique necessariamente que ela possua uma capacidade de pagamento deficiente.

Como os valores apresentados no balanço patrimonial revelam a situação financeiro-patrimonial da empresa em uma determinada data, a análise dos índices de liquidez deve ser realizada considerando outras variáveis que podem interferir na capacidade de pagamento da empresa, por exemplo, a qualidade do endividamento, os riscos envolvidos na realização dos ativos e as condições gerais do mercado.

9.1.1. Liquidez geral

Na liquidez geral, os ativos circulante e realizável a longo prazo são relacionados aos passivos circulante e não circulante, de modo a observar, como o próprio nome do índice diz, a capacidade geral de pagamento da empresa.

Quando o índice de liquidez geral é igual a 1, significa que os recursos de curto e longo prazos da empresa são suficientes apenas para pagar as suas obrigações. Um índice de liquidez geral maior do que 1 significa que a empresa possui um excedente de recursos de curto e longo prazos para arcar com o passivo da empresa, enquanto um índice menor do que 1 significa insuficiência desses recursos.

9.1.2. Liquidez corrente

No índice de liquidez corrente o horizonte de análise da capacidade de pagamento da empresa é o curto prazo, sendo o índice obtido através do quociente entre o ativo e passivo circulante.

A liquidez corrente revela quanto a empresa dispõe de ativo circulante para cada real de passivo circulante. No entanto, quando o ativo circulante possuir montantes significativos de estoques e valores a receber de clientes em sua composição, a interpretação do resultado obtido para esse índice deverá ser feita de forma mais cautelosa, em razão das incertezas envolvidas na realização desses itens.

9.1.3. Liquidez seca

O índice de liquidez seca representa uma análise mais conservadora da liquidez no curto prazo, ao desconsiderar em seu cálculo o valor referente aos estoques. Através desse índice é possível observar até que ponto a capacidade de pagamento da empresa depende dos seus estoques.

9.1.4. Liquidez imediata

O índice de liquidez imediata exclui do ativo circulante aqueles itens que não são conversíveis imediatamente em recursos financeiros, implicando uma abordagem mais conservadora que o índice de liquidez seca.

Apesar de a análise "quanto maior melhor" ser utilizada para os índices de liquidez, um índice de liquidez imediata muito alto pode sinalizar má gestão do excedente financeiro.

QUESTÕES RESOLVIDAS

01. (CFC – Exame de Suficiência I/2004) Uma empresa possui as seguintes informações extraídas de seu balancete de verificação:

	31/12/2002	31/12/2003
Ativo circulante	R$ 17.500,00	R$ 39.625,00
Passivo circulante	R$ 9.500,00	R$ 20.500,00

Em relação ao crescimento do Índice de liquidez corrente da empresa em 2003, é **CORRETO** afirmar que:

a) a empresa terminou o exercício de 2003 com crescimento positivo na liquidez corrente de aproximadamente R$ 0,09;

b) a empresa terminou o exercício de 2003 com crescimento positivo na liquidez corrente de aproximadamente R$ 0,93 para cada R$ 1,00 de passivo circulante;

c) a empresa terminou o exercício de 2003 com crescimento negativo na liquidez corrente de aproximadamente R$ 0,09;

d) a empresa terminou o exercício de 2003 com crescimento negativo na liquidez corrente de aproximadamente R$ 0,91 para cada R$ 1,00 de passivo circulante.

Resposta:

A questão diz respeito ao índice de liquidez corrente, a qual é medida pelo seguinte quociente:

$$LC = \frac{\text{Ativo circulante}}{\text{Passivo circulante}}$$

Para 2002 e 2003, o índice de liquidez corrente apresentou os seguintes valores:

$$LC\ 2002 = \frac{R\$\ 17.500,00}{R\$\ 9.500,00} = 1,8421$$

$$LC\ 2003 = \frac{R\$\ 39.625,00}{R\$\ 20.500,00} = 1,9329$$

Os resultados demonstram que o índice de liquidez corrente apresentou crescimento entre o período de 2002 a 2003, o que descarta as alternativas "c" e "d". Analisando as alternativas restantes, se calcularmos a diferença entre os índices de 2002 e 2003, teremos crescimento de aproximadamente 0,09. Assim, temos como resposta correta a letra "a".

02. (CFC – Exame de Suficiência I/2004) Em 31.12.2003, determinada companhia publicou a demonstração contábil que se segue.

BALANÇO PATRIMONIAL

ATIVO	2002	2003
Ativo circulante	R$ 71.750,00	R$ 77.250,00
Realizável a longo prazo	R$ 15.000,00	R$ 22.500,00
Ativo permanente	R$ 23.750,00	R$ 34.000,00
Total do ativo	R$ 110.500,00	R$ 133.750,00
PASSIVO	**2002**	**2003**
Passivo circulante	R$ 45.750,00	R$ 54.250,00
Exigível a longo prazo	R$ 27.250,00	R$ 37.500,00
Patrimônio líquido	R$ 37.500,00	R$ 42.000,00
Total do passivo	R$ 110.500,00	R$ 133.750,00

A afirmativa CORRETA é:

a) O índice de liquidez geral foi reduzido em R$ 0,09 de 2002 para 2003, porém este fator compromete a liquidez da companhia em curto prazo, uma vez que o índice de liquidez corrente, ao final de 2003, é de R$ 1,42.

b) O índice de liquidez corrente foi reduzido em R$ 0,15 de 2002 para 2003, porém esta redução não interfere no fluxo de caixa da companhia, uma vez que este índice considera operações de longo prazo.

c) O índice de liquidez corrente de 2002 para 2003 decresceu de R$ 1,57 para R$ 1,42, porém este fator não compromete a liquidez da companhia em curto prazo, uma vez que a capacidade de endividamento dela está acumulada em longo prazo.

d) O índice de liquidez geral foi reduzido em R$ 0,10 de 2002 para 2003, porém este fator não compromete a liquidez da companhia em curto prazo, uma vez que o índice de liquidez corrente, ao final de 2003, é de R$ 1,42.

Resposta:

Como a questão envolve o índice de liquidez geral e corrente de cada período, devemos proceder ao cálculo destes para os anos 2002 e 2003.

$$LG = \frac{\text{Ativo circulante} + \text{Realizável a longo prazo}}{\text{Passivo circulante} + \text{Passivo não circulante}} = 1,9329$$

$$e\ LC = \frac{\text{Ativo circulante}}{\text{Passivo circulante}}$$

2002	2003
LG = $\frac{71.750,00 + 15.000,00}{45.750,00 + 27.250,00}$ = 1,19	LG = $\frac{77.250,00 + 22.500,00}{54.250,00 + 37.500,00}$ = 1,09
LC = $\frac{71.750,00}{45.750,00}$ = 1,57	LC = $\frac{77.250,00}{54.250,00}$ = 1,42

A alternativa "a" afirma que o índice de liquidez geral foi reduzido em R$ 0,09 de 2002 para 2003, o que comprometeria a liquidez da companhia em curto prazo, uma vez que o índice de liquidez corrente ao final de 2003 é de R$ 1,42. Na verdade, a redução foi de 0,10, o que torna a alternativa incorreta.

A alternativa "b" afirma que o índice de liquidez corrente foi reduzido em R$ 0,15 de 2002 para 2003, mas a redução não interferiria no fluxo de caixa da companhia, uma vez que este índice considera operações de longo prazo. Esta alternativa é incorreta, pois o índice de liquidez corrente não considera as operações de longo prazo.

A alternativa "c" traz a afirmação de que o índice de liquidez corrente decresceu de R$ 1,57 para R$ 1,42, de 2002 para 2003, porém este fator não comprometeria a liquidez da companhia em curto prazo, uma vez que a capacidade de endividamento dela está acumulada em longo prazo. De fato, como o índice de liquidez corrente tem se mostrado superior ao de liquidez geral, isso significa que a capacidade de endividamento da empresa é maior no curto prazo, o que torna essa alternativa incorreta.

A alternativa "d" afirma que o índice de liquidez geral foi reduzido em R$ 0,10 de 2002 para 2003, porém este fator não comprometeria a liquidez da companhia em curto prazo, uma vez que o índice de liquidez corrente ao final de 2003 é de R$ 1,42. O índice realmente sofreu redução de 0,10 e não há comprometimento da liquidez da companhia no curto prazo, pois esta ainda permanece acima de 1. Portanto, a alternativa "d" está correta.

03. (FEPESE – SEFAZ SC/2010) A empresa Curitiba tem um ativo circulante de R$ 7.200.000 (representado por aplicações financeiras, duplicatas a receber e dinheiro em espécie) e passivo circulante de R$ 2.800.000 (representado por obrigações com terceiros de curto prazo), em 30 de dezembro de 2009.

Se no dia 31 de dezembro de 2009, fizer apenas uma aquisição de mercadorias, a prazo, no valor de R$ 1.600.000, seu índice de liquidez seca será de:

a) 1,3.
b) 1,6.
c) 2,0.
d) 3,1.
e) 3,6.

Resposta:

A liquidez seca é medida pelo quociente entre o ativo circulante, excluídos os estoques, e o passivo circulante. O ativo circulante da empresa é inicialmente de R$ 7.200.000 e não inclui os estoques. O passivo circulante é de R$ 2.800.000. Se a questão não fornecesse mais nenhum dado, a solução seria encontrada dividindo-se o ativo circulante pelo passivo circulante. Contudo, ocorreu uma compra de mercadorias a prazo no valor de R$ 1.600.000 e, embora não provoque efeitos no numerador a ser utilizado para o cálculo da liquidez seca (pois esta não leva em consideração o valor dos estoques), a compra a prazo irá provocar um aumento no valor do denominador, pois irá aumentar o valor do passivo circulante.

$$\text{Liquidez seca} = \frac{\text{Ativo circulante} - \text{Estoques}}{\text{Passivo circulante}}$$

$$\text{Liquidez seca} = \frac{7.200.000}{2.800.000 + 1.600.000} = \frac{7.200.000}{4.400.000} = 1,6$$

O resultado mostra que o índice de liquidez seca da empresa Curitiba para o ano de 2009 foi de 1,6, o que corresponde à resposta apresentada na alternativa "b".

04. (CESGRANRIO – PETROBRÁS/2008) Um analista, fazendo a análise de balanço de duas companhias diferentes, apurou os seguintes índices de liquidez corrente:

- Companhia "Alfa" 1,825;
- Companhia "Beta" 1,979.

Admita, agora, que foram realizadas as seguintes operações, nas companhias:

- "Alfa": compra de mercadorias a prazo;
- "Beta": pagamento de uma dívida de curto prazo.

Tais operações iriam provocar mudança no índice da liquidez corrente?

a) Sim, diminuição na Companhia Alfa e aumento na Companhia Beta.
b) Sim, redução nas duas companhias.
c) Sim, aumento nas duas companhias.
d) Sim, aumento na Companhia Alfa e diminuição na Companhia Beta.
e) Não, continuaria exatamente igual, nas duas companhias.

Resposta:

A resolução dessa questão requer tanto o conhecimento do quociente de liquidez corrente quanto conhecimento matemático sobre o seu comportamento. Observando os índices de liquidez das companhias Alfa e Beta podemos inferir que, se eles são maiores do que 1, pois o numerador (ativo circulante) é maior que o denominador (passivo circulante), nesse caso, ao acrescermos um mesmo valor absoluto ao numerador e ao denominador teremos uma diminuição do valor resultante do quociente. Um aumento ocorrerá se diminuirmos um mesmo valor absoluto simultaneamente do numerador e do denominador. Para melhor visualização da resposta, simularemos um valor de 500 para cada uma das operações realizadas. Nesse caso, teríamos:

Alfa:

- Índice de 1,825 ou 1.825/1000;
- Compra de 500 (aumenta o ativo e o passivo circulantes no mesmo valor).

$$LC = \frac{1.825 + 500}{1000 + 500} = 1,55$$

Beta:

- Índice de 1,979 ou 1.979/1000;

- Pagamento de dívida de 500 (diminui ativo e passivo circulantes no mesmo valor).

$$LC = \frac{1.979 - 500}{1000 - 500} = 2,95$$

As simulações nos mostram que essas operações provocaram uma diminuição no índice de liquidez da Companhia Alfa e um aumento no índice da Companhia Beta, como afirma a alternativa "a".

9.2. ÍNDICES DE ESTRUTURA OU ENDIVIDAMENTO

Os índices de estrutura ou de endividamento relacionam principalmente o passivo e o patrimônio líquido, os quais são abordados sob os conceitos de capital próprio e capital de terceiros. O capital próprio é entendido como aquele pertencente aos proprietários (sócios ou acionistas) da empresa, compreendendo tanto o capital investido quanto as reservas de lucros, representado no balanço pelo patrimônio líquido. Já o capital de terceiros é, como o próprio nome diz, aquele que advém de terceiros, representado pelo passivo circulante e não circulante.

Para estudar a estrutura ou o endividamento da empresa, nos concentraremos em três índices ou indicadores: participação do capital de terceiros, composição do endividamento e imobilização do patrimônio líquido (ou do capital próprio).

9.2.1. Participação do capital de terceiros

Esse índice busca medir a relação entre o capital de terceiros e o capital próprio, de forma a observar qual a proporção existente entre as fontes de financiamento própria e de terceiros. O índice é obtido dividindo-se a soma do passivo circulante com o passivo não circulante pelo patrimônio líquido.

$$PCT = \frac{\text{Passivo circulante + Passivo não circulante}}{\text{Patrimônio líquido}}$$

A análise que se faz para esse índice é de que "quanto menor melhor", pois quanto menor o índice, menor a dependência de capital externo para financiar as atividades.

9.2.2. Composição do endividamento

A composição do endividamento tem como objetivo revelar quanto do capital de terceiros será exigido no curto prazo. Este indicador é obtido pelo quociente entre o passivo circulante e o total do passivo.

$$CE = \frac{\text{Passivo circulante}}{\text{Passivo circulante + Passivo não circulante}}$$

A análise que se faz para esse índice é de que "quanto menor melhor", pois quanto menor o índice, maior o horizonte de tempo que a empresa terá para gerar recursos capazes de cumprir as obrigações contraídas.

9.2.3. Imobilização do patrimônio líquido ou do capital próprio

Esse indicador revela quanto do capital próprio (representado pelo patrimônio líquido) foi investido no ativo permanente. A análise para esse índice é de que "quanto menor, melhor".

$$IPL = \frac{\text{Ativo permanente}}{\text{Patrimônio líquido}}$$

Quando uma empresa encontra-se com um índice de imobilização do patrimônio líquido alto, ela pode incorrer em problemas para financiar o capital de giro através de fontes próprias, aumentando a sua dependência do capital de terceiros no curto prazo. Por isso é desejável que esse índice seja o menor possível.

Vale destacar que, embora a análise dos índices de estrutura apresentados seja a de "quanto menor, melhor", ela deve ser feita considerando a estrutura de capital adequada à empresa. Além disso, há de se levar em consideração também o custo do capital próprio e de terceiros, os quais podem influenciar a escolha da empresa por determinada fonte de financiamento.

QUESTÕES RESOLVIDAS

01. (CFC – Exame de Suficiência I/2004) Determinada empresa apresenta a projeção do balanço patrimonial e da demonstração do resultado do exercício para 2004 e 2005.

BALANÇO PATRIMONIAL PROJETADO		
	2004	2005
ATIVO	R$ 25.096,00	R$ 28.496,00
ATIVO CIRCULANTE	R$ 20.920,00	R$ 24.688,00
Caixa	R$ 1.280,00	R$ 2.912,00
Bancos conta movimento	R$ 10.120,00	R$ 6.688,00
Clientes	R$ 7.600,00	R$ 11.600,00
(-) Duplicatas descontadas	R$ (3.440,00)	R$ (4.192,00)
Estoque	R$ 5.360,00	R$ 7.680,00
ATIVO PERMANENTE	R$ 4.176,00	R$ 3.808,00
IMOBILIZADO	R$ 4.176,00	R$ 3.808,00
Móveis e utensílios	R$ 5.760,00	R$ 5.760,00
(-) Depreciações acumuladas	R$ (1.584,00)	R$ (1.952,00)
PASSIVO	R$ 25.096,00	R$ 28.496,00
PASSIVO CIRCULANTE	R$ 8.864,00	R$ 11.492,00

BALANÇO PATRIMONIAL PROJETADO

	2004	2005
Fornecedores	R$ 8.864,00	R$ 11.492,00
PATRIMÔNIO LÍQUIDO	**R$ 16.232,00**	**R$ 17.004,00**
Capital social	R$ 13.696,00	R$ 13.696,00
Reservas de reavaliação	R$ 992,00	R$ 992,00
Lucros ou prejuízos acumulados	R$ 1.544,00	R$ 2.316,00

DEMONSTRAÇÃO DO RESULTADO DO EXERCÍCIO PROJETADO

	2004	2005
Receita operacional bruta de vendas	**R$ 4.224,00**	**R$ 5.040,00**
(-) Devolução de vendas	R$ (80,00)	R$ (180,00)
(-) ICMS sobre vendas	R$ (500,00)	R$ (596,00)
Receita operacional líquida de vendas	**R$ 3.644,00**	**R$ 4.264,00**
(-) Custo de mercadorias vendidas	R$ (1.120,00)	R$ (1.880,00)
= Resultado operacional bruto	**R$ 2.524,00**	**R$ 2.384,00**
(-) Despesas com vendas	R$ (216,00)	R$ (268,00)
(-) Despesas administrativas	R$ (1.336,00)	R$ (1.656,00)
(+) Resultado financeiro	R$ 40,00	R$ 52,00
(=) Resultado operacional líquido	**R$ 1.012,00**	**R$ 512,00**
(+) Receitas não operacionais	R$ 240,00	R$ 260,00
(=) Resultado operacional do exercício	**R$ 1.252,00**	**R$ 772,00**

Identifique a afirmação **CORRETA** acerca do endividamento, para decisão da empresa.

a) O endividamento esperado em 2004 e 2005 é, respectivamente, R$ 0,45 e R$ 0,32. A empresa tem menos recursos próprios do que recursos de terceiros, por isso, ela não demonstra garantia das dívidas contratadas com seus credores.

b) O endividamento esperado em 2004 e 2005 é, respectivamente, R$ 1,83 e R$ 1,48. Para a empresa, faltam R$ 0,83 e R$ 0,48, respectivamente, de recursos próprios, para garantir as dívidas contratadas com seus credores.

c) O endividamento esperado em 2004 e 2005 é, respectivamente, R$ 0,55 e R$ 0,68. A empresa tem mais recursos próprios do que recursos de terceiros, por isso, ela demonstra garantia das dívidas contratadas com seus credores.

d) O endividamento esperado em 2004 e 2005 é, respectivamente, R$ 1,83 e R$ 1,48. Para a empresa, sobram R$ 0,83 e R$ 0,48, respectivamente, de recursos próprios, para consolidar a garantia das dívidas contratadas com seus credores.

Resposta:

Para resolver essa questão, precisamos calcular o índice de participação do capital de terceiros, uma vez que a questão trata da proporção existente entre capital próprio e de terceiros. Calculando esse índice para 2004 e 2005, temos:

$$PCT = \frac{\text{Passivo circulante + Passivo não circulante}}{\text{Patrimônio líquido}}$$

2004	2005
$PCT = \dfrac{8.864,00}{16.232,00} = 0,55$	$PCT = \dfrac{11.492,00}{17.004,00} = 0,68$

Como pode ser observado, a resposta correta para a questão é a alternativa "c", que aponta um endividamento de R$ 0,55 e R$ 0,68, concluindo que a empresa tem mais recursos próprios do que recursos de terceiros e por isso aparentemente demonstra ter garantia das dívidas contratadas com seus credores.

02. (CFC – Exame de Suficiência II/2000) Mantidos constantes os totais das origens e aplicações de recursos, quanto maior for o índice de imobilização do patrimônio líquido menor será o índice de:

a) rentabilidade do patrimônio líquido;
b) liquidez geral;
c) composição do endividamento;
d) giro dos estoques.

Resposta:

Se as origens e aplicações de recursos são mantidos de forma constante, podemos inferir que um maior índice de imobilização do patrimônio líquido significa menor utilização de capital próprio para financiar os demais ativos. Logo, haverá um aumento do capital de terceiros como fonte de financiamento dos ativos. O índice de liquidez geral é obtido pelo quociente (AC+RLP)/(PC+ELP). Se houve o aumento na utilização do capital de terceiros (PC + ELP), que é o denominador do índice de liquidez geral, o resultado do quociente tende a ser menor. Isto torna correta a alternativa "b".

9.3. ÍNDICES DE RENTABILIDADE OU DE LUCRATIVIDADE

Os índices de rentabilidade ou de lucratividade permitem a observação do retorno proporcionado pelas atividades da empresa sob diferentes perspectivas. A análise geral que se faz para os índices pertencentes a esse grupo é de que "quanto maior melhor".

Os índices de rentabilidade, assim como os demais, não devem ser analisados de modo isolado, mas em conjunto com os indicadores pertencentes aos demais grupos (liquidez, rentabilidade, atividade...), de modo a garantir a eficácia da análise. Embora seja desejável que a empresa apresente uma boa rentabilidade aliada a uma boa liquidez, uma alta liquidez não significa necessariamente uma alta rentabilidade. Do mesmo modo, uma alta rentabilidade não significa necessariamente uma alta liquidez.

Sobre os tipos de índice que podemos encontrar nesse grupo, podemos destacar os cinco seguintes: margem bruta, margem operacional, margem líquida, rentabilidade do ativo e rentabilidade do patrimônio líquido.

9.3.1. Margem bruta

Esse indicador permite visualizar, em termos percentuais, o quanto a empresa está obtendo de lucro em relação a sua receita obtida com as vendas (descontados os impostos), após a dedução dos custos das mercadorias ou serviços vendidos. É medido pelo quociente entre o lucro bruto e a receita líquida.

$$MB = \frac{\text{Lucro bruto}}{\text{Receita líquida}} \times 100$$

9.3.2. Margem operacional

A diferença entre esse indicador e o de margem bruta é de que neste podemos visualizar a rentabilidade da empresa levando em consideração as suas despesas operacionais. A sua rentabilidade operacional é medida pelo quociente entre o lucro operacional e a receita líquida.

$$MO = \frac{\text{Lucro operacional}}{\text{Receita líquida}} \times 100$$

9.3.3. Margem líquida

Esse indicador reflete a rentabilidade da empresa, observada sob a perspectiva do lucro líquido. Permite observar quanto da receita líquida é convertida em lucro líquido para a empresa, sendo medida pelo quociente entre esses dois itens.

$$ML = \frac{Lucro\ líquido}{Receita\ líquida} \times 100$$

9.3.4. Rentabilidade do ativo

Se considerarmos que é no ativo que encontramos todas as aplicações dos recursos, por meio desse índice poderemos observar o quão rentável esses ativos serão para a empresa, revelando o percentual do ativo convertido em lucro. Esse índice é obtido pelo quociente entre o lucro líquido e o ativo total.

$$RA = \frac{Lucro\ líquido}{Ativo\ total} \times 100$$

9.3.5. Rentabilidade do patrimônio líquido

O índice de rentabilidade (ou lucratividade) do patrimônio líquido é obtido pelo quociente entre o lucro líquido e o patrimônio líquido, sendo também conhecido como ROE (*return on equity*).

$$RPL = \frac{Lucro\ líquido}{Patrimônio\ líquido} \times 100$$

Através desse índice é possível observar o retorno gerado para os acionistas em relação ao capital investido, o que pode permitir a estes avaliar o desempenho do seu investimento, inclusive quando comparado a outros tipos de investimento.

QUESTÕES RESOLVIDAS

01. (FCC – TRF4R Analista Judiciário – Contadoria 2010) Dados extraídos do balanço patrimonial e da demonstração do resultado do exercício da Cia. Horizonte Perdido, relativos ao exercício encerrado em 31/12/2009, em R$:

Ativo circulante	180.000,00
Passivo não circulante	80.000,00
Total do ativo	480.000,00
Patrimônio líquido	240.000,00
Lucro líquido do exercício	120.000,00

Com base nessas informações, é correto afirmar que:

a) O índice de liquidez corrente da sociedade em 31/12/2009 era de 1,125.
b) A diferença entre o ativo circulante e o passivo circulante, na mesma data, era de R$ 40.000,00.
c) O quociente passivo/patrimônio líquido era 1/3.
d) A taxa de rentabilidade sobre o capital próprio foi 25%.
e) O patrimônio líquido aumentou 50% em 2009 em relação a seu valor em 2008.

Resposta:

Para verificar a alternativa "a", precisamos calcular o índice de liquidez corrente. No entanto, como o valor do passivo circulante não foi informado, utilizaremos a equação patrimonial para encontrar o valor correspondente:

- Ativo = Passivo + Patrimônio líquido
- 480.000,00 = Passivo circulante + Passivo não circulante + Patrimônio líquido
- 480.000,00 = Passivo circulante + 80.000,00 + 240.000,00
- Passivo circulante = 480.000,00 − 80.000,00 − 240.000,00 = 160.000,00

Para um passivo circulante de R$ 160.000,00, temos uma liquidez corrente de:

$$LC = \frac{\text{Ativo circulante}}{\text{Passivo circulante}} = \frac{R\$ 180.000,00}{R\$ 160.000,00} = 1,125$$

O índice de liquidez corrente de 1,125 torna correta a alternativa "a".

Embora a alternativa "a" seja a resposta à questão, iremos analisar as demais alternativas, de forma a evidenciar o que as torna incorretas.

A alternativa "b" afirma que a diferença entre o ativo circulante e o passivo circulante, na mesma data, era de R$ 40.000,00. Dado um ativo circulante de R$ 180.000,00 e um passivo circulante de R$ 160.000,00, a diferença entre eles na mesma data era de R$ 20.000,00, o que torna a alternativa "b" incorreta.

A alternativa "c" afirma que o quociente passivo/patrimônio líquido era de 1/3. Dado um passivo de R$ 240.000,00 (R$ 160.000,00 + 80.000,00) e um patrimônio líquido de R$ 240.000,00, temos um quociente passivo/patrimônio líquido de 1,0; de modo que a alternativa encontra-se incorreta.

A alternativa "d" afirma que a taxa de rentabilidade sobre o capital próprio (ou sobre o patrimônio líquido) foi 25%. Ao verificar essa afirmação temos que:

$$RPL = \frac{\text{Lucro líquido}}{\text{Patrimônio líquido}} \times 100$$

$$RPL = \frac{R\$ 120.000,00}{R\$ 240.000,00} \times 100 = 50\%$$

A rentabilidade sobre o capital próprio de 50% significa que a alternativa "d" está incorreta.

A alternativa "e" afirma que o patrimônio líquido aumentou 50% em 2009, em relação a seu valor em 2008. O valor do patrimônio líquido de 2009 (R$ 240.000,00) inclui o lucro líquido deste mesmo ano, correspondente a R$ 120.000,00 (visto que o lucro é contabilizado neste grupo). Isto significa que o patrimônio líquido de 2008 equivalia a R$ 120.000,00. Dessa forma, observou-se na verdade um aumento de 100% no patrimônio líquido em relação a seu valor em 2008, o que torna a alternativa "d" incorreta.

02. (CFC – Exame de Suficiência I/2003) A receita operacional líquida de uma empresa em 2002 foi de R$ 625.000.00 e o resultado operacional bruto foi de R$ 125.000,00. Em relação à lucratividade bruta podemos afirmar que:

a) a direção da empresa não pode ter certeza de que teve uma lucratividade bruta na ordem de 20,0%, pois a mesma não tem como saber os seus custos de produtos vendidos e se houve devolução de mercadorias;
b) a direção da empresa pode ter certeza de que teve uma lucratividade bruta na ordem de 25,0% e que pode contar com este percentual para repassar suas despesas operacionais na empresa;
c) a direção da empresa não pode ter certeza de que teve uma lucratividade bruta na ordem de 25,0%, pois a mesma não tem como separar os seus custos de produtos vendidos das devoluções de mercadorias, para calcular a sua lucratividade bruta sobre seus custos;
d) a direção da empresa pode ter certeza de que teve uma lucratividade bruta na ordem de 20,0% e que pode contar com este percentual para repassar suas despesas operacionais na empresa.

Resposta:

A lucratividade (ou margem) bruta é obtida pelo quociente entre o lucro bruto (resultado operacional bruto) e a receita líquida (receita operacional líquida). Para a empresa em questão, essa lucratividade seria de:

$$\text{Lucratividade bruta} = \frac{\text{R\$ 125.000,00}}{\text{R\$ 625.000,00}} \times 100 = 20\%$$

Como a questão já traz os valores dos elementos necessários para o cálculo da lucratividade bruta, não será necessário, nesse caso, conhecer os valores referentes aos custos dos produtos vendidos e da devolução de mercadorias (necessários para se determinar a receita líquida e o lucro bruto). A alternativa "a" está, portanto, incorreta.

As alternativas "b" e "c", como o cálculo demonstrou, são incorretas; devido ao valor da lucratividade ser de 20,0% e não 25,0%.

Assim, a alternativa correta é a "d", a qual afirma que a direção da empresa pode ter certeza de que teve uma lucratividade bruta na ordem de 20,0% e que pode contar com esse percentual para repassar suas despesas operacionais.

9.4. ÍNDICES DE ROTATIVIDADE OU DE ATIVIDADE

Os índices de rotatividade ou de atividade fornecem dados sobre a velocidade da renovação dos recursos na empresa, bem como o tempo médio de ingresso e saída dos recursos financeiros oriundos de operações de compras e vendas. É de grande utilidade durante da análise das demonstrações contábeis, pois podem ajudar na análise dos índices de liquidez, endividamento e rentabilidade. No caso dos índices de liquidez, por exemplo, o indicador de prazo médio de recebimento pode ser útil na análise, já que alguns problemas de liquidez podem ter origem na dinâmica dos prazos de pagamento e de recebimento.

Embora a literatura apresente vários índices de atividade, nos concentraremos em quatro deles: o giro ou rotação do ativo, o giro ou rotação do estoque, o prazo médio de cobrança ou recebimento e o prazo médio de pagamento.

9.4.1. Giro ou rotação do ativo

Esse índice, representado pelo quociente entre a receita líquida e o ativo, mede o grau de conversão dos ativos em receita. Através dele é possível observar a eficiência do uso dos ativos na geração de receita para a empresa. A análise geral que se faz para esse índice é de que "quanto maior, melhor".

$$GA = \frac{\text{Receita líquida}}{\text{Ativo}}$$

9.4.2. Giro ou rotação dos estoques

O indicador de giro ou rotação dos estoques mede a eficiência na renovação dos estoques, sendo representado pelo quociente entre o custo das mercadorias vendidas e o estoque médio. Como uma maior rotatividade para os estoques é sempre desejável, a análise geral que se faz para esse índice é de que "quanto maior, melhor".

$$GE = \frac{\text{Custo das mercadorias vendidas}}{\text{Estoque médio}}$$

Onde,

$$\text{Estoque médio} = \frac{\text{Estoque inicial} + \text{Estoque final}}{2}$$

A eficiência na renovação dos estoques também pode ser observada em termos de tempo de permanência dos estoques até o momento da venda. Para isso, basta dividir 360 dias pelo resultado obtido para o giro do estoque, obtendo, assim, o prazo médio do giro (ou rotação) dos estoques.

$$GE = \frac{360}{GE}$$

No caso do prazo médio do giro do estoque, como o comportamento desejável é o de menor tempo possível de permanência da mercadoria no estoque, a análise geral que se faz para é de "quanto menor, melhor".

9.4.3. Prazo médio de cobrança ou recebimento

O prazo médio de cobrança ou recebimento tem por objetivo demonstrar quanto tempo, em dias, a empresa leva para receber a receita proveniente das vendas a prazo. É obtido pelo quociente entre o saldo médio de duplicatas a receber e a receita de vendas, multiplicado por 360.

$$PMC = \frac{\text{Saldo médio de duplicatas a receber}}{\text{Receita de vendas}} \times 360$$

O saldo médio de duplicatas a receber é obtido somando-se o saldo inicial com o saldo final e dividindo o resultado por dois, de modo a obter uma média aritmética dos valores. Esse procedimento representa uma simplificação, visto que o analista nem sempre tem acesso a todos os dados sobre a flutuação do saldo das contas.

É esperado que os valores a receber de clientes sejam recebidos no menor prazo possível, por isso a análise geral que se faz para esse índice é de que "quanto menor, melhor".

9.4.4. Prazo médio de pagamento

O prazo médio de pagamento tem por objetivo demonstrar quanto tempo, em dias, a empresa leva para pagar as compras realizadas a prazo com os seus fornecedores. É obtido pelo quociente entre o saldo médio da conta fornecedores e o montante das compras realizadas, multiplicado por 360.

$$PMP = \frac{\text{Saldo médio de fornecedores}}{\text{Compras}} \times 360$$

De forma similar ao que ocorre quando calculamos o saldo médio de duplicatas a receber, o saldo médio da conta fornecedores é obtido somando-se o saldo inicial com o saldo final e dividindo o resultado por dois.

No entanto, ao contrário do que ocorre com o prazo médio de cobrança, é esperado que os valores devidos aos fornecedores tenham o maior prazo possível para o pagamento. Por isso, a análise geral que se faz para esse índice é de que "quanto maior, melhor".

É importante a observação da dinâmica entre os prazos de pagamento e de recebimento, pois o primeiro sempre deve ser maior que o segundo, caso contrário a empresa poderá apresentar problemas de liquidez.

QUESTÕES RESOLVIDAS

01. (CFC – Exame de Suficiência 2/2011) Relacione o indicador econômico financeiro descrito na primeira coluna com exemplos de indicadores na segunda coluna e, em seguida, assinale a opção CORRETA.

(1) Indicadores de capacidade de pagamento.
(2) Indicadores de atividade.
(3) Indicadores de rentabilidade.

( ) Liquidez corrente, liquidez seca, liquidez imediata, liquidez geral e endividamento.
( ) Prazo médio de recebimento, prazo médio de pagamento, giro de estoques, giro do ativo total.
( ) Margem operacional sobre vendas, margem líquida sobre vendas, rentabilidade do ativo total e rentabilidade do patrimônio líquido.

A sequência CORRETA é:
a) 2, 3, 1.
b) 3, 1, 2.
c) 1, 3, 2.
d) 1, 2, 3.

Resposta:

Como foi demonstrado na exposição conceitual dos índices, através dos índices de liquidez e de endividamento é possível observar a capacidade de pagamento da empresa. O prazo médio de recebimento, prazo médio de pagamento, giro de estoques e giro do ativo total representam indicadores de atividade da empresa. Por sua vez, a margem operacional sobre vendas, margem líquida sobre vendas, rentabilidade do ativo total e rentabilidade do patrimônio líquido fornecem indicadores de rentabilidade da empresa. Portanto, a sequência correta é a 1, 2, 3, conforme a alternativa "d".

02. (CESPE – TCE AC /2009) Cada item a seguir apresenta a definição de algum índice utilizado na análise de balanços.

I – Demonstra quanto a empresa possui de bens e direitos circulantes, diminuídos do valor dos estoques, para pagar cada real de dívida a curto prazo.

II – Mede a capacidade que a empresa possui para pagar suas dívidas com terceiros.

III – Demonstra a rentabilidade percentual do capital próprio.

IV – Mostra o número de vezes que as duplicatas a receber foram renovadas no período analisado.

Assinale a opção que relaciona, na sequência correta, os índices de I a IV definidos acima.

a) liquidez seca, solvência geral, retorno do capital próprio, rotação de duplicatas a receber;
b) liquidez corrente, solvência geral, grau de alavancagem financeira, rotação de duplicatas a receber;
c) liquidez corrente, grau de endividamento, grau de alavancagem financeira, rotação de duplicatas a receber;
d) liquidez seca, composição do endividamento, grau de alavancagem financeira, prazo médio de cobrança;
e) liquidez imediata, composição do endividamento, retorno do capital próprio, rotação de duplicatas a receber.

Resposta:

A descrição exposta na afirmação I corresponde ao índice de *liquidez seca*, a qual expurga o efeito dos estoques para medir a capacidade de pagamento da empresa. A afirmação II descreve o índice de liquidez geral, a qual pode ser chamada também de *solvência geral*, que mede a capacidade da empresa de honrar os compromissos assumidos com terceiros. A afirmação III descreve a rentabilidade (*retorno*) *do capital próprio*. Por sua vez, a afirmação IV descreve o índice de *rotação de duplicatas a receber*, o qual fornece o número de vezes que as duplicatas a receber são renovadas. Dessa forma, a alternativa que elenca corretamente todos os índices descritos é a alternativa "a".

03. (FCC – TRF/2010) Dados (em R$):

- Saldo médio da conta Fornecedores no exercício: R$ 170.000,00;
- Compras a prazo: R$ 850.000,00.

Supondo-se o ano comercial de 360 dias, o prazo médio de pagamento a fornecedores foi, em número de dias, igual a:

a) 60.
b) 72.
c) 36.
d) 80.
e) 45.

Resposta:

A resolução da questão envolve a aplicação direta da fórmula de prazo médio de pagamento.

$$PMP = \frac{\text{Saldo médio de fornecedores}}{\text{Compras}} \times 360$$

$$PMP = \frac{170.000,00}{850.000,00} \times 360 = 72 \text{ dias}$$

Como o prazo médio de pagamento é de 72 dias, a resposta correta à questão é a alternativa "b".

04. (FCC – TRE RN/2011) Considere os dados a seguir, extraídos das demonstrações contábeis da Cia. São José, relativas ao exercício de 2009.

BALANÇO PATRIMONIAL – 2009

Ativo	31/12/09	31/12/08
Disponível	120.000,00	100.000,00
Duplicatas a receber	540.000,00	422.500,00
Estoques	250.000,00	150.000,00
Realizável a longo prazo	100.000,00	77.500,00
Imobilizado líquido	600.000,00	390.000,00
Investimentos	140.000,00	110.000,00
Total	1.750.000,00	1.250.000,00
Passivo + PL		
Fornecedores	420.000,00	280.000,00
Contas a pagar	190.000,00	170.000,00
Tributos a pagar	118.000,00	100.000,00
Passivo não circulante	242.000,00	232.000,00
Capital	410.000,00	268.000,00
Reservas	370.000,00	200.000,00
Total	1.750.000,00	1.250.000,00

DEMONSTRAÇÃO DO RESULTADO DO EXERCÍCIO – 2009

Vendas a prazo	1.443.750,00
(-) Custo das mercadorias vendidas	(500.000,00)
(=) Lucro bruto	943.750,00
(-) Despesas operacionais	(598.500,00)
(-) IRPJ e CSLL	(180.250,00)
(=) Lucro líquido do exercício	165.000,00

Calculando-se o prazo de rotação de estoques e de recebimento de clientes com base na média das contas patrimoniais e considerando-

-se o ano comercial de 360 dias, os valores obtidos são, em número de dias, respectivamente:

a) 180 e 120.
b) 144 e 136.
c) 144 e 120.
d) 120 e 180.
e) 20 e 136.

Resposta:

A rotação ou giro dos estoques é obtido pelo quociente:

$$GE = \frac{\text{Custo das mercadorias vendidas}}{\text{Estoque médio}}$$

Como os saldos médios, de acordo com a questão, devem ser obtidos com base na média das contas patrimoniais, para os estoques temos um saldo médio igual a:

$$\text{Saldo médio de estoques} = \frac{250.000,00 + 150.000,00}{2} = 200.000,00$$

Calculado o saldo médio dos estoques, podemos obter o giro médio dos estoques.

$$GE = \frac{500.000,00}{200.000,00} = 2,5$$

Para sabermos o prazo de rotação dos estoques, em dias, basta dividirmos 360 dias pela rotação (giro) dos estoques.

$$PMGE = \frac{360 \text{ dias}}{2,5} = 144 \text{ dias}$$

O prazo médio de recebimento de clientes é obtido com a aplicação da seguinte fórmula:

$$PMC = \frac{\text{Saldo médio de duplicatas a receber}}{\text{Receita de vendas}} \times 360$$

O saldo médio das duplicatas a receber igual a:

$$\text{Saldo médio de duplicatas a receber} = \frac{540.000,00 + 422.500,00}{2} = 481.250,00$$

Com o saldo médio de duplicatas a receber calculado, basta substituir o valor na fórmula do prazo médio de recebimento de clientes.

$$PMC = \frac{481.250,00}{1.443.750,00} \times 360 = 120$$

Portanto, os prazos de rotação de estoques e de recebimento de clientes, em número de dias, da empresa é 144 e 120 dias, respectivamente. Com isso, a resposta correta é a alternativa "c".

capítulo · 10

Ciclo operacional, econômico e financeiro

Nas empresas as atividades são desenvolvidas dentro de um ciclo, o qual se renova à medida que a empresa permanece em continuidade. Gerencialmente, torna-se importante o conhecimento da dinâmica desse ciclo, o qual pode ser analisado sob três perspectivas: operacional, econômica e financeira.

Os ciclos envolvem a medição de um período de tempo decorrido, sendo usualmente medido em dias. Possuem uma estreita relação com os indicadores de atividade, especificamente os que tratam de prazos médios e, por isso, podem ser calculados a partir destes.

O chamado **ciclo operacional** compreende o período que inicia com a compra de mercadorias ou insumos dos fornecedores e termina com o recebimento dos valores relativos às vendas. É importante observar que o início do ciclo operacional ocorre independente da realização do pagamento das compras realizadas junto aos fornecedores, mas seu término se dá com o efetivo recebimento da receita da venda.

Ciclo operacional = PMR + PMGE

Onde,

- PMR = Prazo médio de recebimento;
- PMGE = Prazo médio de giro de estoques;
- PMP = Prazo médio de pagamento.

O chamado **ciclo econômico** inicia-se no mesmo momento do ciclo operacional. O seu término, no entanto, diferentemente do que ocorre com o ciclo operacional, se dá no momento da venda da mercadoria comprada ou produzida, independente do recebimento dessa receita.

Ciclo econômico = PMGE

Por sua vez, **o ciclo financeiro** é aquele que inicia com o pagamento das compras realizadas junto ao fornecedor e termina com o recebimento das vendas. Como contempla apenas o fluxo dos recursos financeiros, é chamado também de ciclo de caixa.

Ciclo financeiro = PMR + PMGE − PMP

A análise do ciclo financeiro desempenha um papel relevante na gestão financeira de curto prazo, pois revela a necessidade de a empresa buscar fontes de financiamento para o capital de giro.

QUESTÕES RESOLVIDAS

01. (UFF/2009) Na contabilidade gerencial, o período caracterizado pelo prazo decorrido entre as saídas de caixa (pagamentos a fornecedores de insumos) e as entradas de caixa (recebimento de clientes) é denominado:

a) ciclo financeiro;
b) prazo de estoques;
c) prazo concedido a clientes;
d) ciclo de matérias-primas;
e) ciclo econômico.

Resposta:

Quando falamos do período que envolve apenas as entradas e saídas de caixa, estamos abordando a perspectiva financeira ou de caixa. Ao observar o conceito dos ciclos operacional, econômico e financeiro, notamos que a descrição apresentada na questão trata do ciclo financeiro, o qual foi descrito como aquele que inicia com o pagamento das compras realizadas ao fornecedor e termina com o recebimento das vendas. Desse modo, a alternativa "a" responde corretamente à questão.

02. (FCC – TRT MS/2011) Indica o tempo médio que a empresa leva para produzir, vender e receber a receita de seus produtos:

a) Giro do ativo.
b) Ciclo operacional.
c) Giro do estoque.
d) Ciclo financeiro.
e) Rentabilidade do ativo total.

Resposta:

"Tempo médio" ou "prazo médio" são expressões que remetem a indicadores cuja medida seja em tempo decorrido (dias, meses, anos...), o que exclui as alternativas "a", "c" (as quais representam indicadores que medem o "número de vezes" que o giro ocorre) e "e" (cuja medida é percentual). O conceito de ciclo financeiro descreve o período que se inicia com o pagamento dos fornecedores e se encerra com o recebimento de clientes, o que exclui a alternativa "d" como resposta à questão.

O "tempo médio que a empresa leva para produzir, vender e receber a receita de seus produtos" é compatível com o conceito do ciclo operacional. Por isso, a resposta correta é alternativa "b".

03. (FCC – SEFAZ SP/2006) Uma Empresa tem prazo médio de renovação dos estoques 74 dias; prazo médio de recebimento de vendas 63 dias; prazo médio de pagamento de compras 85 dias e ciclo de caixa 52 dias. Considerando essas informações, o ciclo operacional é de:

a) 128 dias.
b) 137 dias.
c) 140 dias.

d) 142 dias.
e) 145 dias.

Resposta:

O cálculo do ciclo operacional envolve dados referentes a dois tipos de indicadores de atividades, o prazo médio de recebimento e o prazo médio de giro dos estoques. A questão fornece os seguintes dados:

- PMGE = 74 dias;
- PMRV = 63 dias;
- PMPC = 85 dias;
- Ciclo de caixa = 52 dias.

Nesse caso, o ciclo operacional é obtido usando a seguinte fórmula:

Ciclo operacional = PMRV + PMGE = 63 dias + 74 dias = 140 dias

Com um ciclo calculado de 140 dias, a resposta correta para a questão é a alternativa "c".

capítulo · 11

Análise do capital de giro

A análise do capital de giro envolve especificamente os elementos que compõem o ativo e o passivo circulante. Essa análise é considerada importante para os gerentes, pois fornece informações que vão subsidiar as decisões de financiamento e investimentos, no curto prazo. Para abordar o tema, nos concentraremos em dois pontos: o conceito de capital circulante líquido (CCL) e a necessidade de capital de giro (NCG).

11.1. CAPITAL CIRCULANTE LÍQUIDO – CCL

O capital circulante líquido (CCL), também chamado de capital de giro líquido (CGL), é resultante da diferença entre o ativo e o passivo circulante. Representam os recursos líquidos que a empresa tem disponíveis no curto prazo.

CCL = ATIVO CIRCULANTE − PASSIVO CIRCULANTE

A análise do CCL adquire importância à medida que quanto maior for o seu valor, maior será a capacidade de solvência da empresa no curto prazo. No entanto, devemos observar que um CCL positivo não significa necessariamente disponibilidade em caixa. Isso ocorre porque o ativo circulante é formado por itens que possuem níveis de liquidez diferentes (ou seja, capacidade de serem convertidos em dinheiro), como estoques e valores recebíveis. Portanto, ao analisar o CCL, os gerentes devem considerar também a natureza dos ativos e passivos circulantes.

CONTABILIDADE GERENCIAL

QUESTÕES RESOLVIDAS

01. (CFC – Exame de Suficiência 1/2011) Em 31 de dezembro de 2010, uma determinada companhia publicou a seguinte demonstração contábil:

ATIVO	2009	2010	PASSIVO E PL	2009	2010
Ativo circulante	57.400,00	61.800,00	Passivo circulante	36.600,00	43.400,00
Disponível	1.400,00	6.600,00	Fornecedores	22.000,00	28.000,00
Clientes	24.000,00	27.200,00	Contas a pagar	5.600,00	9.400,00
Estoques	32.000,00	28.000,00	Empréstimos	9.000,00	6.000,00
Ativo não circulante	31.000,00	45.200,00	Passivo não circulante	21.800,00	30.000,00
Realizável a longo prazo	12.000,00	18.000,00	Empréstimos	21.800,00	30.000,00
Imobilizado	19.000,00	27.200,00	Patrimônio líquido	30.000,00	33.600,00
			Capital	30.000,00	33.600,00
	88.400,00	**107.000,00**		**88.400,00**	**107.000,00**

Com relação ao balanço patrimonial acima, assinale a opção **CORRETA**:

a) O capital circulante líquido foi ampliado em R$ 2.400,00 e o quociente de liquidez corrente foi reduzido em 0,15.

b) O capital circulante líquido foi ampliado em R$ 4.600,00 e o qquociente de liquidez corrente foi reduzido em 0,10.

c) O capital circulante líquido foi reduzido em R$ 2.400,00 e o quociente de liquidez corrente foi reduzido em 0,15.

d) O capital circulante líquido foi reduzido em R$ 4.600,00 e o quociente de liquidez corrente foi reduzido em 0,10.

Resposta:

O primeiro questionamento diz respeito ao capital circulante líquido (CCL), o qual então representa a diferença entre o ativo e o passivo circulante. Procedendo ao cálculo deste, temos:

- Para 2009:

$$CCL = 57.400,00 - 36.600,00 = 20.800,00$$

- Para 2010:

$$CCL = 61.800,00 - 43.400,00 = 18.400,00$$

Os valores revelam que a variação do CCL de 2009 para 2010 representou uma redução de R$ 2.400,00 (18.400,00 – 20.800), o que exclui as alternativas "a" e "b".

O segundo questionamento é sobre o quociente (ou índice) de liquidez corrente, o qual apresentou os seguintes valores em 2009 e 2010:

- Para 2009:

$$LC = \frac{\text{Ativo circulante}}{\text{Passivo circulante}} = \frac{57.400,00}{36.600,00} = 1,57$$

- Para 2010:

$$LC = \frac{\text{Ativo circulante}}{\text{Passivo circulante}} = \frac{61.800,00}{43.400,00} = 1,42$$

A variação do índice de liquidez de 2009 para 2010 representou uma redução de aproximadamente 0,15 (1,42 – 1,57).

Considerando que o capital circulante líquido foi reduzido em R$ 2.400,00 e o quociente de liquidez corrente foi reduzido em 0,15, a resposta correta é a alternativa "c".

02. (CFC – Exame de Suficiência 2/2011) Uma empresa possui as seguintes informações extraídas de seu balancete de verificação em 30 de junho de 2011, em milhões de reais:

Grupos de contas	1º.1.2011	30.06.2011
Ativo circulante	R$ 17.500.000,00	R$ 39.625.000,00
Passivo circulante	R$ 9.500.000,00	R$ 20.500.000,00

Em relação à variação do capital circulante líquido da empresa, no primeiro semestre de 2011, assinale a opção CORRETA.

a) A empresa teve uma variação negativa no capital circulante líquido no montante de R$ 11.125.000,00.
b) A empresa teve uma variação positiva no capital circulante líquido no montante de R$ 11.125,000,00.
c) A empresa teve uma variação negativa no capital circulante líquido no montante de R$ 19.125.000,00.
d) A empresa teve uma variação positiva no capital circulante líquido no montante de R$ 19.125.000,00.

Resposta:

A questão indaga sobre a variação do capital circulante líquido (CCL) da empresa. Para encontrar essa variação, precisamos primeiro calcular o CCL para cada período.

Grupos de contas	1°.1.2011	30.06.2011
Ativo circulante	R$ 17.500.000,00	R$ 39.625.000,00
Passivo circulante	R$ 9.500.000,00	R$ 20.500.000,00
CCL	R$ 8.000.000,00	R$ 19.125.000,00

Calculado o CCL de cada período, podemos proceder ao cálculo da sua variação:

$$\Delta CCL = R\$\ 19.125.000,00 - R\$\ 8.000.000,00 = R\$\ 11.125.000,00$$

Como o CCL do período aumentou entre o período 1°.1.2011 e 30.06.2011, concluímos que houve uma variação positiva no capital circulante líquido no montante de R$ 11.125,000,00, de modo que a resposta correta é a alternativa "b".

03. (CFC – Exame de Suficiência 1/2004) Analise os saldos a seguir em 31.12.2003:

Bancos conta movimento	R$ 9.000,00
Caixa	R$ 3.000,00
Capital	R$ 30.000,00
Compras	R$ 42.000,00
Estoque final	R$ 12.000,00
Duplicatas a pagar curto prazo	R$ 28.000,00
Duplicatas a receber curto prazo	R$ 14.000,00
Duplicatas descontadas	R$ 4.000,00
Mercadorias – saldo inicial	R$ 4.000,00
Vendas	R$ 50.000,00

Os valores do capital circulante líquido e do patrimônio líquido são, respectivamente:

a) R$ 6.000,00 e R$ 46.000,00.
b) R$ 14.000,00 e R$ 38.000,00.
c) R$ 14.000,00 e R$ 50.000,00.
d) R$ 42.000,00 e R$ 30.000,00.

Resposta:

Para solucionar a questão, precisamos identificar as contas de ativo e passivo circulante, bem como patrimônio líquido. Como temos saldo na conta vendas, iremos apurar o resultado para obter o valor do lucro do período.

- Custo das mercadorias vendidas (CMV) = estoque inicial + compras – estoque final.
- CMV = 4.000,00 + 42.000,00 – 12.000,000.
- CMV = 34.000,00.
- Lucro = vendas – CMV = 50.000,00 – 34.000,00 = 16.000,00.

Apurado o lucro, obtemos o seguinte valor para o patrimônio líquido:

Patrimônio líquido	
Capital	30.000,00
Reserva de lucros	16.000,00
Total do patrimônio líquido	46.000,00

O ativo e passivo circulante totalizam os seguintes valores:

Ativo circulante	R$	Passivo circulante	R$
Caixa	3.000,00	Duplicatas a pagar	28.000,00
Bancos conta movimento	9.000,00		
Duplicatas a receber	14.000,00		
(-) Duplicatas descontadas	(4.000,00)		
Estoque final	12.000,00		
Total do ativo circulante	34.000,00	Total do passivo circulante	28.000,00

Conhecendo os totais do ativo e passivo circulantes, podemos obter o total do capital circulante líquido.

$$CCL = AC - PC = 34.000,00 - 28.000,00 = 6.000,00$$

Os cálculos demonstram que os valores do patrimônio líquido e do capital circulante líquido correspondem a R$ 6.000,00 e R$ 46.000,00, conforme apresenta a alternativa "a".

04. (CFC – Exame de Suficiência 1/2003) Uma empresa possui as seguintes informações extraídas de seu balancete de verificação em 2002:

Grupos de contas	01.01.2002	31.12.2002
Ativo circulante	R$ 7.000,00	R$ 15.850,00
Passivo circulante	R$ 3.800,00	R$ 8.200,00

A alternativa CORRETA em relação à variação do capital circulante cíquido da empresa em 2002 é:

a) A empresa teve uma variação positiva no capital circulante líquido no montante de R$ 4.450,00.
b) A empresa teve uma variação negativa no capital circulante líquido no montante de R$ 4.450,00.
c) A empresa teve uma variação positiva no capital circulante líquido no montante de R$ 3.200,00.
d) A empresa teve uma variação negativa no capital circulante líquido no montante de R$ 7.650,00.

Resposta:

De modo similar à resolução da questão 1, iremos primeiro calcular o capital circulante líquido para cada período.

Grupos de contas	01.01.2002	31.12.2002
Ativo circulante	R$ 7.000,00	R$ 15.850,00
Passivo circulante	R$ 3.800,00	R$ 8.200,00
CCL	R$ 3.200,00	R$ 7.650,00

Calculado o CCL, procederemos ao cálculo da sua variação.

$$\Delta CCL = R\$\ 7.650{,}00 - 3.200{,}00 = R\$\ 4.450{,}00$$

O resultado mostra que houve um aumento do CCL entre o período de 01.01.2002 e o período 31.12.2002, resultando em uma variação positiva de R$ 4.450,00. Dessa forma, a resposta correta é a alternativa "a".

11.2. NECESSIDADE DE CAPITAL DE GIRO (NCG)

A necessidade de capital de giro é medida pela diferença entre os ativos e passivos circulantes operacionais, e por isso não se confunde com o conceito de capital circulante líquido. Se o ativo circulante operacional for superior ao passivo circulante operacional, significa que as fontes de recursos operacionais não estão financiando totalmente os ativos operacionais e, portanto, há uma necessidade de capital de giro.

NCG = ATIVO CIRCULANTE OPERACIONAL − PASSIVO CIRCULANTE OPERACIONAL

O ativo e o passivo circulante são formados por itens não operacionais e operacionais, sendo estes últimos caracterizados por estarem relacionados às atividades operacionais da empresa. Como exemplo de ativos circulantes operacionais, podemos citar estoques, duplicatas a receber e impostos a recuperar. Já para os passivos circulantes operacionais temos como exemplos as contas de fornecedores, salários, encargos sociais e impostos a pagar,

A importância da mensuração da necessidade de capital de giro reside no fato de que através desta os gerentes podem ser capazes de avaliar o nível de geração de recursos da empresa a partir das atividades operacionais.

QUESTÕES RESOLVIDAS

01. (CESGRANRIO − BNDES/2008) Dados extraídos das demonstrações contábeis da Cia. Ômega S/A.

EM REAIS

Contas	2005	2006
Caixa	25.000,00	45.000,00
Bancos	105.000,00	155.000,00
Duplicatas a receber	150.000,00	310.000,00
Estoques	200.000,00	350.000,00
Ativo circulante	480.000,00	860.000,00
Empréstimos a pagar	75.000,00	100.000,00
Fornecedores	160.000,00	200.000,00
Obrigações tributárias	62.500,00	100.000,00

Contas	2005	2006
Obrigações sociais	82.500,00	100.000,00
Passivo circulante	380.000,00	500.000,00

Com base nos dados acima, pode-se afirmar que a variação da necessidade de capital de giro – NCG entre 2005 e 2006 alcançou, em reais, o montante de:
a) 45.000,00.
b) 95.000,00.
c) 215.000,00.
d) 260.000,00.
e) 310.000,00.

Resposta:

O conceito de necessidade de capital de giro mostra que esta é obtida através da diferença entre o ativo operacional e o passivo operacional. Por isso, o primeiro passo é identificar os ativos e passivos operacionais e obter os seus totais para cada período:

	2005	2006
Ativo operacional		
Duplicatas a receber	150.000,00	310.000,00
Estoques	200.000,00	350.000,00
Total	350.000,00	660.000,00
Passivo operacional		
Fornecedores	160.000,00	200.000,00
Obrigações tributárias	62.500,00	100.000,00
Obrigações sociais	82.500,00	100.000,00
Total	305.000,00	400.000,00

Identificados os ativos e passivos operacionais, podemos calcular a necessidade de capital de giro.

	2005	2006
Ativo operacional	350.000,00	660.000,00
Passivo operacional	305.000,00	400.000,00
NCG	45.000,00	260.000,00

Os valores obtidos para a NCG revelam que a variação desta entre o ano de 2005 e 2006 alcançou, em reais, o montante de 215.000,00 (ΔNCG = 260.000,00 – 45.000,00), o que corresponde ao valor apresentado pela alternativa "c".

02. (UFF/2009) Quando a necessidade de capital de giro for positiva, pode-se inferir que ela representa uma:

a) despesa de curto prazo;
b) receita diferida;
c) fonte de recursos;
d) aplicação de recursos;
e) despesa com o circulante.

Resposta:

A necessidade de capital de giro (NCG) é medida pela diferença entre os ativos e passivos operacionais, os quais representam aplicações e origens de recursos, respectivamente. Quando a NCG é positiva, significa que as aplicações (ativos operacionais) superaram as origens (passivos operacionais) e o seu resultado representa, portanto, uma aplicação de recursos. Desse modo, a alternativa que responde corretamente a questão é a "d".

03. (UFF/2009) Na contabilidade gerencial, o montante obtido a partir da diferença entre o ativo cíclico e o passivo operacional denomina-se:

a) ativo circulante cíclico;
b) capital circulante operacional;

c) passivo errático;
d) necessidade de capital de giro;
e) passivo cíclico.

Resposta:

Os ativos e passivos operacionais são também chamados de cíclicos, de modo que o texto "o montante obtido a partir da diferença entre o ativo cíclico e o passivo operacional" pode ser lido como "o montante obtido a partir da diferença entre o ativo operacional e o passivo operacional". Lida dessa forma, observamos que a questão faz menção ao conceito de necessidade de capital de giro (NGC), portanto, corresponde à alternativa "d".

Referências

BEM-ARIEH, David; QUIAN, Li. *Activity-based cost management for design and development stage*. International Journal of Production Economics, v. 83, n. 2, p. 169-183, 2003.

DUTRA, René Gomes. *Custos: uma abordagem prática*. 4. ed. São Paulo: Atlas, 1995.

GARRISON, Ray H.; NOREEN, Eric. W. *Contabilidade Gerencial*. 9. ed. Rio de Janeiro: LTC, 2001. 643 p. Título original: *Managerial Accounting*.

GUPTA, M; GALLOWAY, K. *Activity-based costing/management and its implications for operations management*. Technovation, v. 23, Issue 2, p. 131-138, Feb 2003.

GUPTA, Krishan M; GUNASEKARAN, Angappa. *Costing in New Enterprise Environment: A challenge for managerial accounting researchers and practitioners*. Managerial Auditing Journal, v. 20, n. 4, 2005.

JIAMBALVO, James. *Contabilidade Gerencial*, Rio de Janeiro: LTC, 2002.

MALSTROM, Eric M. *Manufacturing Cost Engineering Handbook*. New York: Marcel Dekker, 1984.

MARTINS, Eliseu. *Contabilidade de Custos*. 9. ed. São Paulo: Atlas, 2003.

NAKAGAWA, M. *Custeio Baseado em Atividades*. São Paulo: Atlas, 1995.

SHIM, Jae K.; SIEGEL, Joel G. *Handbook of Financial Analysis, Forecasting and Modeling*. 2. ed. Chicago: CCH, 2004.

GRÁFICA PAYM
Tel. (011) 4392-3344
paym@terra.com.br